가이드북

퍼스널 트레이닝

Personal Training

계명대학교 출판부
Keimyung University Press

목 차

I 트레이닝의 이론적 기초

II 건강관리

III 근력강화와 필라테스

IV 아동의 운동발달

목차

Ⅴ 고령자를 위한 운동프로그램

Ⅵ 생활습관질환을 위한 운동프로그램

Ⅶ 운동 재활 프로그램

I

트레이닝의 이론적 기초

1. 기능해부학

1) 인간 움직임의 기초

인간 움직임의 기본적인 구성 요소에는 신경계, 골격계, 근육계 등이 포함된다. 이러한 계통은 상호 불가분의 관계를 구성하며 전체적인 움직임을 조절하게 된다. 만약 하나의 구성 요소가 올바르게 작동하지 않게 된다면 그것은 다른 체계들에 영향을 미치게 되며 궁극적으로는 전체적인 동작에 영향을 미치게 된다. 따라서 이러한 구성 요소들은 상호간에 적절한 협력체계를 형성하면서 효율적인 움직임을 생성하게 된다. 따라서 움직임의 전체적인 기전을 이해하기 위해서는 이러한 각각의 구성요소가 가진 기능은 물론 상호간의 관련 기전을 이해해야 한다.

2) 신경계

(1) 신경계의 개요

신경계(nervous system)는 인체 내에서 다양한 자극정보를 제공하기 위해서 수많은 세포들로 구성되어 있다. 이 시스템은 내·외부 환경들의 다양한 정보를 모으고 처리하면서 정보의 해석, 정보에 대한 응답 등을 통제하는 중심적인 기능을 담당한다. 신경계의 중요한 3가지 기능에는 감각기능, 통합기능, 운동기능 등을 포함한다. 모든 움직임을 직접 명령하며 고유의 움직임 패턴들을 효율적으로 발달시키고, 수행력을 향상시키며, 부상의 위험을 감소시키는 기능을 가진다.

(2) 뉴런의 기본적 구조

신경세포인 뉴런(neuron)은 신경계의 기능적 단위로 알려져 있다. 수십억 개의 뉴런들은 신경계의 복잡한 구조를 구성하고 외부 환경뿐 아니라 신체 내부 환경에서 신경의 의사전달 능력을 제공한다.

뉴런은 세포체, 축삭(axon), 수상돌기(dendrites)의 세 가지 주된 부분으로 구성되어 있다. 뉴런의 체세포는 융해소체(lysosomes), 미토콘드리아, 골지 복합체(golgi complex)와 같은 세포기관들과 핵을 모두 가지고 있다는 점에서 다른 체세포들과 굉장히 유사하다.

축삭은 신경 자극을 다른 뉴런이나 효과기(effector site)-근육, 장기, 다른 신경 등-로 보내는 세포체의 원통형 돌출부이다. 이러한 축삭은 뉴런의 일부로서 두뇌와 척수로부터 나온 정보를 신체의 다른 부위로 전달해 준다. 수상돌기는 다른 구성체로부터 뉴런으로 정보가 모이게 하는 역할을 한다.

기본적으로, 신경 자극의 전달방향에 따라 뉴런의 세 가지 기능으로 분류되는데, 감각뉴런(sensory neurons)은 효과기(근육, 기관과 같은)로부터 전달된 신경 자극을 수용기(receptor)를 거쳐 두뇌와 척수로 전달한다. 중간뉴런(interneurons)은 뉴런 간에 신경 자극이 전달되도록 한다. 운동뉴런(motor neurons)은 두뇌와 척수로부터 근육이나 분비선, 샘(gland)과 같은 효과기로 신경 자극을 전달한다.

한 사람이 뜨거운 물체를 만졌을 때 보이는 반응을 통해 여러 뉴런들이 함께 작용하여 정해진 반응을 일으키는 과정을 설명할 수 있다. 감각뉴런은 두뇌에 손이 뜨거운 물건과 접촉했다고 신호를 보낸다. 이 신호는 중간뉴런들을 거쳐 또 다른 뉴런에게 신호를 전달하여 두뇌를 향해 간다. 일단 신호가 두뇌에 도착하면 두뇌는 '물건이 뜨겁다'는 각 뉴런의 전달 정보를 해석한다. 그 후 운동뉴런을 경유하여 손의 근육을 향해 적절한 신호를 전달하게 된다. 손 근육을 수축하여 그 물체로부터 손을 떼어 부상으로부터 보호하라는 것이다.

(3) 중추신경계와 말초신경계

신경계는 상호 의존적인 중추신경계와 말초신경계 두 부분으로 구성되어 있다. 두뇌와 척수가 중추신경계(central nervous system)를 구성하며 그것들은 주로 정보의 해석을 다룬다. 말초신경계(peripheral nervous system)는 12개의 뇌신경(cranial nerve), 31쌍의 척수신경(두뇌와 척수로부터 뻗어 나옴) 및 감각수용기관으로 구성되어 있다.

말초신경계는 주로 두 가지의 기능을 수행하는데, 첫째, 신경계의 여러 효과기지점을 활성화시키는 연결 구실을 한다. 예를 들면 근육의 운동기능 같은 것을 들 수 있다. 둘째, 말초신경계는 효과기지점으로부터 감각수용기관을 거쳐 두뇌로 정보를 중계한다. 그럼으로써 신체와 외부환경 사이에 계속해서 들어오는 새로운 정보를 지속적으로 제공한다.

감각기관은 외부의 자극을 변형시켜 두뇌와 척수가 반응을 일으키도록 한다. 이 기관들은 네 가지의 주요 범주로 구분될 수 있는데 기계수용기(mechanoreceptor)는 물리적 힘(접촉, 압력)에 대해서 반응하고, 통증수용기(nociceptor)는 통증(통증수용기관)에 반응하며, 화학수용기(chemoreceptor)는 화학적 상호작용(후각, 미각), 광수용기(photoreceptor)는 빛에 대해서 각각 반응한다.

신체적 움직임 수행과정에서 기계적 감각수용기는 조직의 모형변화에 따른 이상을 감지하도록 특수화된 특성을 가진다. 신체조직의 펴짐, 압착, 마찰 또는 팽창 등에 의해서 위의 변화가 일어나며 그것들은 곧 신경계로 전달된다. 이러한 기계수용기는 근육, 건, 인대 및 관절낭 등에 위치해 있으며, 근방추, 골지건기관 및 관절수용기 등이 포함된다.

근방추(muscle spindles)는 중요한 감각기관으로서 근섬유와 평형하게 놓여 있으며, 단, 근방추는 길이의 변화와 그 길이의 변화율에 민감하다. 근육이 이완되면 근방추도 함께 이완되는데, 근육의 길이와 그 늘어난 정도의 신경정보를 두뇌와 척수로 전달하며, 다시 근육을 흥분시켜 근수축이 일어난다. 근방추는 과도하게 빠르거나 많은 근육을 이완시킴으로써 발생하는 부상을 방지한다.

골지건기관(golgi tendon organs)은 근육과 건이 만나는 '근건(musculotendinous)접합부위'의 한 지점에 위치하여 근육의 긴장과 그에 따른 긴장 정도의 변화를 감시할 수 있다. 흥분했을 때 근육을 이완시키며 과도한 부하가 주어지면서 부상이 발생하는 것을 방지하게 된다. 관절수용기(joint receptors)는 관절낭(joint capsule) 내와 그 주위에 위치하여, 관절의 압력, 가속, 감속에 반응하며, 급격한 관절의 위치 변화 시 위험을 알려 신체부상을 방지한다. 또한 관절이 큰 압력을 받을 때 그 관절을 감싸는 근육 내의 반사억제 반응을 초기화시키기도 하는데, 그 예로 종말(ruffini endings: 열 감지를 위한 수용기)과 파치니안소체(pacinian corpuscles: 압력과 진동에 관한 정보를 전달하는 수용기)를 들 수 있다.

3) 골격 및 관절계

(1) 골격계의 개요

골격계(skeletal system)는 신체의 움직임과 구조를 위한 틀에 해당하며, 신체적 형태를 결정한다. 성장 및 성숙과정에서 활동 및 영양상태와 불가분의 관련성을 가진다. 근육과 결합조직에 의해서 연결되어 관절(joints)을 형성한다.

(2) 골격계의 분류

골격계는 체간골격(axial skeleton)과 체지골격(appendicular skeleton)의 두 체계로 구성되며, 체간골격은 두개골, 늑골, 척추 등 총 80개의 뼈들이 포함된다. 체지골격은 어깨와 골반을 포함하여 팔, 다리의 뼈들로 구성되어 총 126개의 뼈들이 포함된다. 전체 206개의 뼈들이 300개의 관절로 연결되어 전체적인 형태를 구성한다. 움직임과 관련하여 골격은 지렛대 및 지지대의 역할을 수행한다. 뼈는 형태와 관련하여 오목과 돌기를 비롯한 다양한 구조를 나타내는데, 가장 일반적인 오목으로 '와(fossa)'를 들 수 있다. 견갑부에 위치한 '극상와'와 '극하와'가 있는데 극상와는 극상근의 접합 부위, 극하와는 극하근의 접합부위를 각각 나타낸다. 또 다른 '와'의 형태로 '구(sulcus)'가 있는데, 건의 연한 조직이 뼈 안으로 지나갈 수 있도록 하는 홈을 의미한다. 상완골의 크고 작은 돌기 사이에 위치한 결절간구(intertubercular sulcus)를 그 예로 들 수 있으며, 상완이두근의 건을 위한 홈에 해당한다.

돌기(processes)는 근육, 건, 인대 등이 부착할 수 있는 뼈의 튀어나온 돌출부에 해당하는 것으로서, 관(condyle: 관절융기), 상과(epicondyle: 상관절융기), 결절(tubercle) 및 전자(trochanter) 등이 포함되는데, 척추의 극돌기, 견봉 및 견갑골에 있는 오훼돌기 등을 들 수 있다. 과는 대퇴골 하부의 내면/외면 부분과, 무릎관절을 형성하는 경골의 상부에 위치하며, 상과(epicondyles)는 팔꿈치 관절의 상부에 있다. 크고 작은 여러 결절이 있는데 어깨의 근육조직에 접합부위의 역할을 수행한다. 전자는 대퇴골의 상부에 위치한 엉덩이 조직 근육의 접합 부위이다.

(3) 관절계의 개요

관절(joints)은 다른 뼈를 잇는 한 뼈를 통해 만들어진다. 관절은 구조와 기능(또는 운동의 유형)에 의해서 그 유형이 구분된다. 관절의 움직임은 굴림, 미끄러짐, 회전하기와 같은 세 가지 유형의 주요한 움직임들로 관절운동학(arthokinematics)에 명시되어 있다.

굴림은 어떤 한 개의 관절이 마치 자전거 바퀴가 도로 위를 구르는 것처럼 다른 관절의 표면을 구르는 것을 의미한다. 미끄러짐은 한 관절의 표면이 길을 따라 미끄러지는 자전거의 바퀴처럼 다른 관절 위를 미끄러지는 경우인데 신체에서는 무릎을 구부릴 때 대퇴 관절구를 미끄러지는 경골 관절구를 그 예로 들 수 있다. 회전하기는 어떤 한 관절의 표면이 마치 병뚜껑을 돌려서 따듯이 다른 관절을 회전하는 경우로 신체에서는 전완이 회내와 회외운동을 할 때 상완골 끝을 회전하는 요골(radius)의 머리 부분을 그 예로 들 수 있다.

(4) 관절계의 분류

활액관절(synovial joints)은 신체의 움직임시 가장 중요한 역할을 담당하며, 신체의 관절 중 약 80%의 범위를 차지하며 가장 큰 운동 능력을 지닌다. 활액관절은 뼈들을 직접 잇는 섬유조직이나 연골조직을 가지지 않으며, 관절낭이나 인대에 다소 느슨하게 고정되어 있기 때문에 운동능력을 크게 발휘한다. 활액막의 관절낭(joint capsule) 안에서 분비되는 윤활액은 관절 표면의 과도한 마모를 줄이고, 관절을 정렬시키는 연골세포에 영양을 공급하여 표면이 매끄럽게 유지되도록 한다. 활액관절은 활주(gliding), 과상(condyloid), 경첩(hinge), 안장(saddle), 환축(pivot) 및 구상(ball-and-socket) 등의 세부적인 유형으로 구분된다.

활주관절(gliding joint)은 모든 관절 중 가장 단순한 운동을 하는 무축성(nonaxial) 관절로서 앞뒤 혹은 좌우로만 움직인다. 면(facet) 관절에 있는 손의 수근골 또는 발에 있는 주상골(navicular)과 2,3번째 설상골(cuneiform) 사이의 관절들이 활주관절에 해당한다.

과상(condyloid: 돌기형 또는 타원형) 관절은 한 뼈의 돌기가 타원형의 움푹 패인 다른 뼈의 구멍에 들어가서 관절을 이루는 경우로서, 대개 한 면(시상면의 굴곡과 신전)이 다른 면(횡단면의 회전; 전두면의 내전/외전 작용)보다 덜 움직인다. 손목의 요골(radius)과 수근골(carpals) 사이, 또는 무릎관절에서 볼 수 있다.

경첩관절(hinge joint)은 대개 시상면에서만 움직일 수 있게 하는 단축(uniaxial)인 관절로서 팔꿈치관절, 중지골(interphalangeal), 및 발목관절이 해당된다.

안장관절(saddle joint)은 한쪽 뼈가 다른 뼈의 안장을 놓고 타는 형태로서, 엄지손가락 안에 있는 수근중수골(carpometacarpal) 관절이 해당된다. 운동 중(시상면에서의 굴곡과 신전; 전두면에서의 외전과 내전)인 두 접촉면이 움직이며, 회선(circumduction)을 일으키기 위해 회전하기도 한다.

환축관절(pivot joint)은 대개 횡단면에서의 회전, 회내, 회외와 같은 한 평면에서의 움직임만 일어날 수 있게 한다. 이러한 관절들을 두개골의 바닥(척추의 상부 끝)에 있는 환축추(atlantoaxial)관절과 요척골(radioulnar)관절 사이에서 볼 수 있다.

구상(ball-and-socket)관절은 신체의 모든 관절들 중에서 가장 움직이기 쉬운데, 삼면에서 움직임이 가능하게 하며, 어깨와 엉덩이의 관절을 그 예로 들 수 있다.

비활액관절(nonsynovial joints)은 활액관절이 갖고 있는 관절 홈이나 연결섬유조직 또는 접합구조물 내의 연골을 모두 갖고 있지 않으면서 거의 움직이지 않으며 두개골들의 접합 부위, 경골과 비골(발목)의 말단 관절, 섬유연골결합(symphysis)을 그 예로 들 수 있다.

(5) 관절계의 기능

관절의 가장 중요한 기능은 뼈들을 다룰 수 있는 수단으로 제공되어 몸의 여러 부분들이 움직일 수 있게 해주는 것이다. 또한 안정성을 제공하여 우리가 불필요한 움직임을 만들어 내지 않도록 한다. 인체의 모든 관절들은 서로 연결되어 있으며, 어떤 한 관절의 움직임이 다른 관절들의 움직임에 직접 영향을 준다.

관절을 연결하는 첫째 조직은 인대(ligament)로서, 신경계와 연결되어 있을 뿐만 아니라 뼈와 뼈를 연결하여 정적/동적인 안정성을 만들어 낸다. 인대는 교원질(collagen) 단백질과 두 번째 탄력소(elastin) 단백질의 양을 조절하여 만들어진다. 교원질 섬유조직은 인대에 가해지는 힘의 방향과 평행하게 놓여 있어서 압력(장력)을 견디도록 도와준다. 탄력소는 인대가 구부러지거나 비틀릴 때 견뎌낼 유연함과 신축성을 제공한다. 모든 인대가 같은 양의 탄력소를 함유하고 있지는 않다. 관절을 둘러싼 수액과 조직들을 따로 분리시켜 놓는 관절낭은 모든 활액관절(synovial joint)에 존재하며, 인대에는 혈관이 많이 분포하지 않는다.

4) 근육계

(1) 근육계의 개요

신경계는 운동을 발생시키는 중추적 명령기관이며, 근육계는 이러한 명령을 받아서 움직임을 실제로 발휘하는 부위로서 내부 장력(tension)을 생성하여 신체를 움직이도록 하며 안정화 시키는 역할을 담당한다.

(2) 골격근의 구조

각각의 독립적인 근섬유들은 그것의 연결조직과 함께 적절히 싸여 다발을 형성한다. 그 다발을 바깥층에서 속부분까지 자세히 살펴보면 첫 번째 다발이 연결조직의 외부를 덮는 근막과 근외막(epimysium)이라는 근육으로 중간에 둘러싸인 내부 층으로 함께 이루어져 있다. 또한 근막(fascia)과 근외막(epimysium)은 뼈와 긴밀히 연결되어 근육건(muscles' tendon)을 형성한다. 각각의 근섬유 다발은 근상막(perimysium)이라는 연결조직에 싸여 있으며, 하나의 근섬유 다발은 근내막(endomysium)이라는 연결조직에 의해서 둘러싸인 많은 근섬유로 구성되어 있다.

근육 속의 연결조직들은 움직임을 일으키며, 연결조직들은 근육에서 발생한 힘이 근 수축 요소로부터 뼈로 전달되어 움직임이 발생하게 한다. 건(tendon)은 근육을 뼈에 연결하는 조직으로서 근육이 힘을 가해 뼈와 관절을 제어하도록 돕는 고정물이 된다. 혈관분포가 많지 않다는 점에서 건은 인대와 유사한 특성을 지니며 마찬가지로 회복과 적응에 오랜 시간이 요구된다.

(3) 근섬유와 근섬유 수축요소

근섬유(muscle fibers)는 근섬유막(sarcolemma)으로 덮여 있으며 근형질(sarcoplams: 글리코겐, 지방, 미네랄, 그리고 산소덩어리의 미오글로빈을 함유하고 있다), 핵, 미토콘드리아(음식으로부터 얻은 에너지를 세포가 이용할 수 있는 에너지로 변환시킴)와 같은 세포형질막의 전형적인 세포요소들을 포함한다. 근섬유는 근원섬유(myofibrils)로 구성되며, 근원섬유는 근육 수축요소인 근세사(myofilaments)로 구성되어 있으며, 근세사는 액틴(얇은 줄 같은 섬유)과 마이오신(두꺼운 섬유)으로 나눌 수 있다.

액틴과 마이오신 필라멘트는 근원섬유 안에 많은 양의 반복되는 구역을 형성한다. 근절(sarcomere)은 근육의 기본적 기능 단위이며, 두 개의 'Z 라인'사이의 공간이며 한 개의 Z 라인은 근원섬유를 따라 또 하나의 근절이 있음을 의미한다.

근 수축 과정에서 2개의 단백질 구조체인 트로포마이오신(tropomyosin)과 트로포닌이 주요한 역할을 수행하는데, 트로포마이오신은 액틴 섬유에 위치해 있으며 그곳에 있는 마이오신(myosin)의 접합지점을 막아 근육이 쉬고 있을 때 마이오신이 액틴에 달라붙지 않도록 한다. 트로포닌도 액틴 섬유에 위치해 있는데 근육이 수축해야 할 때 칼슘의 접합지점과 트로포마이오신의 접합지점을 제공함으로써 근육이 수축하도록 도와준다.

(4) 근육 내에서의 힘의 발생

근육은 신경 활성화, 활주설(sliding filament theory) 및 자극-수축 결합(excitation-contraction coupling)의 기전을 통해서 큰 힘을 발휘한다.

신경활성화(neural activation)는 신경계와 근육계 사이의 의사전달에 의해서 발생하며, 운동과 안정시의 근 수축 활동에 필수적이다. 운동뉴런과 근섬유를 연결하는 것을 운동 단위(motor unit)라고 하며, 뉴런이 단일 근섬유와 만나는 지점을 근신경접합부(neuromuscular junction)로서 보통 시냅스라는 신경과 근섬유 사이의 작은 틈을 말한다.

전기자극에 의해서 발생한 활동전위는 중추신경계에 뉴런의 축삭돌기(axon of neuron)로 보내줘서 축삭 종말(axon terminal)이라는 축삭돌기의 끝에 도달하면 신경전달물질(neurotransmitter)을 분비해서 뉴런과 근섬유 사이의 시냅스를 건너 전기자극을 신경에서 근육으로 전해주는 전달자 역할을 수행한다. 근신경계에서 주로 이용되는 신경전달물질은 아세틸콜린(acetylcholine)이다.

활주설(sliding filament theory)은 신경활성화를 거쳐 근육이 수축하도록 명령을 받은 후 근절(sarcomere) 내부의 섬유수축이 일어나는 과정에 관한 것이다. 자극-수축 결합(excitation-contraction coupling)이란 근 수축을 일으키는 신경 자극의 과정을 말한다. 그것은 신경메시지(신경활성화)의 초기발동에서 시작하여 근육 수축으로 이어지는 일련의 과정이다.

(5) 근섬유의 유형

근섬유의 유형은 화학적, 기계적 특성에 따라 다양하게 나눌 수 있으며, 기본적으로 지근섬유(Type Ⅰ)와 속근섬유(Type Ⅱ)의 두 가지로 나누어진다. 지근섬유는 상대적으로 많은 모세혈관과 미토콘드리아, 적혈구 내의 헤모글로빈처럼 근육의 산소운반능력을 담당하는 마이오글로빈 등을 포함하며, 적근섬유라고도 한다.

속근섬유(Type Ⅱ)는 다시 화학적, 기계적 성질에 따라 Type Ⅱa, Type Ⅱb, Type Ⅱx로 나누어진다. 이 근섬유들은 상대적으로 적은 모세혈관, 미토콘드리아 및 마이오글로빈을 함유하며, 백근섬유로도 불리는데, Type Ⅱb의 근섬유는 낮은 산화력(산소이용능력)과 빨리 지치는 특성을 갖는다. Type Ⅱa의 근섬유들은 Type Ⅱb보다 높은 산화력과 천천히 지치는 특성이 있다. Type Ⅱx는 Ⅱa와 Ⅱb의 중간 특성을 가진다.

지근섬유들은 상대적으로 지름이 작거나, 최고의 자극을 생성하며, 덜 지치는 특성을 갖는다. 이 섬유들은 안정된 자세조절에 필수적인 장기간의 수축을 일으키는 근육을 생성하는 데 중요하다. 예를 들어 오랜 시간 동안 중력에 대해 이상적인 자세를 유지하며 곧게 앉아 있는 것을 들 수 있다. 빠르게 수축하는 속근섬유는 크기가 크고, 최고의 자극을 빠르게 만들고, 지근섬유보다 더 빠르게 지친다. 이 섬유들은 단거리 달리기를 수행하는 것과 같은 힘과 순발력을 요구하는 동작의 근육을 생성하는 데 중요하다.

근육의 기능에 따라 천천히 수축하는 근섬유와 빠르게 수축하는 근섬유가 모든 근육 속에 적절한 비율로 구성되어 있는데, 예를 들어 전경골근은 천천히 수축하는 지근섬유를 약 73% 함유하고 있으나 장딴지 근육의 비복근 측두(lateral head) 부분은 천천히 수축하는 지근섬유를 약 49% 정도만 포함하고 있다.

(6) 운동을 일으키는 근육

근육은 신체에 가해지는 힘을 조절하거나 움직임을 늦추는 등의 다양한 기능을 수행한다. 근육의 기능에 따라 주동근, 협응근, 안정근, 길항근 등으로 구분된다. 주동근은 운동을 일으키는 주된 근육이며, 협응근은 운동이 일어나는 동안 주동근을 도와준다. 예를 들어 엉덩이의 신전 시 슬굴곡근과 척추기립근(spinae erector)이 대둔근과 협력 작용을 하는 것을 들 수 있다. 안정근은 주동근과 협응근이 정해진 움직임을 수행할 때 신체를 떠받치거나 안정하는 역할을 수행한다. 예를 들면 엉덩이 신전 시 복횡근(transversus abdominis), 외복사근(internal oblique) 그리고 다열근(multifidus: 등 속 아래 깊이 위치한 근육)은 허리, 골반, 엉덩이를 안정시켜준다. 길항근은 주동근과 반대되는 행동을 한다. 예를 들면 요근(psoas: 엉덩이 심부의 굴근)은 엉덩이 신전 시 대둔근과는 상대적인 기능을 담당한다.

5) 순환계

순환계는 인체의 운송체계로서 심장과 혈관을 포함한 심혈관계와 림프계로 구성된다. 혈액은 순환하면서 영양소, 산소, 호르몬, 노폐물 등을 운반한다. 림프계는 체액평형을 유지하고 인체를 보호하기 위한 방어기능의 전달체계를 구성한다. 혈액은 혈장(plasma)과 혈액세포로 구성되며, 혈액세포는 적혈구(red blood cell), 백혈구(white blood cell), 혈소판(platelet) 등으로 구성된다. 체중이 약 70kg인 성인의 혈액량은 약 5-6ℓ이며, 혈액의 정상 pH는 7.35-7.45로서 약 알카리성이다.

심장(heart)은 근육으로 이루어진 속이 빈 기관으로서 그 크기는 주먹에 비해 많이 크지 않고, 무게는 450mg 미만이다. 혈액을 박출하여 세포에 산소와 영양소를 공급해준다.

심장은 가슴의 좌우 허파 사이에 위치한다. 원뿔 모양인 심장의 약 2/3는 인체의 정중선보다 왼쪽으로 위치한다. 자신의 손가락을 왼쪽 가슴에서 다섯째와 여섯째 갈비뼈 사이에 놓으면 심장의 박동을 직접 느낄 수 있다.

순환계의 기능은 다음과 같다:

○ 소화계통에서부터 인체의 모든 부위까지 영양소를 운반한다.

○ 허파(폐)에서부터 전신의 세포로 산소를 운반한다.

- 세포에서부터 배설기관까지 이산화탄소 등의 대사 노폐물을 운반한다.
- 내분비기관으로부터 목표기관에 이르기까지 호르몬을 운반한다.
- 대사과정에서 생성된 열을 인체에 분배하여 체온을 일정하게 유지하도록 해준다.
- 체액의 평형을 유지하는 데 공헌한다.
- 질병을 유발하는 병원체에 대항하여 인체를 보호한다.
- 산염기 평형(acid-base balance)의 유지를 돕는다.

6) 호흡계

호흡(respiration)은 인체와 외부환경 사이에서 이루어지는 기체의 교환과정으로서 호흡을 통해서 세포에 산소를 공급하고 이산화탄소를 제거한다. 호흡과정에는 호흡운동, 허파(lung)와 혈액 사이의 가스교환, 혈액을 통한 인체 내 가스의 운반, 혈액과 세포 사이의 가스교환, 세포호흡 등이 포함된다. 세포호흡(cellular respiration)은 세포가 연료물질로 섭취한 영양소로부터 에너지를 획득하는 과정으로서 산소가 필요하며, 그 결과 노폐물인 이산화탄소가 생산된다.

7) 내분비계

내분비계통(endocrine system)은 성장, 생식, 세포의 영양소 이용, 염류와 수분의 평형, 대사율 등을 조절하며, 또한 스트레스에 대해서 반응한다. 호르몬(hormone)을 분비하며 대개 혈액에 의하여 운반되어 특정의 목표세포(target cell)의 활성에 영향을 미친다. 목표세포는 특정 호르몬의 영향을 받거나 또 다른 내분비선에 들어있으며, 뼈 등과 같이 전혀 다른 유형의 장기에 존재하는 경우도 있다. 호르몬은 신체 전반에 걸쳐 광범위한 작용을 미치며, 신경계통과 함께 작용하여 신체항상성(homeostasis)을 유지한다.

8) 소화계

영양소는 음식에 포함된 물질로서 새로운 세포와 조직을 만드는 재료로 쓰이며 대사에 필요한 화합물을 만들기 위한 에너지원으로 사용된다. 음식을 섭취하고 활용하는 과정을 통해서 영양이 공급되며, 섭취하는 영양소는 큰 분자들로 구성되어 그 자체로는 세포에 도달할 수 없기 때문에 영양분으로 이용될 수 없다. 따라서 소화계(digestive system)를 통해서 음식을 가공하고 분해함으로써 세포가 받아들여 이용할 수 있는 형태로 만들어 준다.

소화계에는 구강, 식도, 위, 소장(십이지장, 공장, 회장 등), 대장(상행결장, 횡행결장, 하행결장, S상결장, 맹장, 직장) 등이 포함되며, 부속기관으로서 췌장 및 간장 등이 있다.

9) 감각계

인체는 감각수용기(sensory receptor)를 통하여 자극을 감지하며, 감각수용기는 특수화된 신경세포종말이거나, 자극의 에너지를 전기 신호로 변화 시키는 신경세포와 밀접하게 접촉하고 있는 특수화된 세포이다. 감각수용기는 다른 종류의 세포들과 더불어 눈, 귀, 코, 미뢰(taste bud) 등의 복잡한 감각기관(sense organ)을 구성한다. 시각, 청각, 평형감각, 후각, 미각, 촉각 외에도 인체는 여러 종류의 내부 감지장치를 보유하고 있어서 이를 통해 신체항상성(homeostasis)의 균형을 유지하고 있다. 예를 들어 특정 혈관에는 산소와 이산화탄소의 정상적 균형을 유지하는 데 기여하는 수용기가 존재한다. 우리가 환경의 변화에 반응하는 방식은 외부세계의 변화를 감지하는 수용기와 신체 내부의 변화를 감지하는 내부 수용기에 의하여 결정된다.

10) 비뇨기계

비뇨기계(urinary system)는 체액의 양과 성분을 조절한다. 세포의 대사과정에서 물과 이산화탄소가 부산물로 생산된다. 인체가 아미노산 등과 같은 여분의 영양소를 처리하면서 요소(urea) 등의 질소함유노폐물이 생산된다. 대사 노폐물이 계속 축적되면 중독을 일으킬 수 있는 농도에 도달할 수 있기 때문에 노폐물은 반드시 배설되어야 한다. 배설(excretion)은 대사작용의 부산물과 노폐물, 여분의 용질 등의 물질을 몸 밖으로 방출하는 것이다.

2. 운동역학

1) 선운동학

(1) 위치, 거리와 변위

역학에서 일어나는 많은 질문은 스포츠선수, 스포츠용구(포환, 원반 등) 혹은 스포츠장비(봅슬레이, 2인승 자전거) 등의 운동의 정확한 설명에 관계되는 것이다.

위치(position)는 이미 알고 있는 선 혹은 점에 관해서 물체의 지점을 검증하는데 사용된다. 만약 물체가 새로운 위치로 이동하는 운동을 했을 때, 두 물체 사이의 거리(distance) 혹은 변위(displacement)는 확인해야 할 필요가 있다. 이 경우 거리는 처음 위치에서 두 번째 위치로 이동한 실질적인 경로를 나타내며, 변위는 두 위치사이의 최단직선로를 가르킨다.

변위와 같이 척도가 크기와 지정된 방향을 필요로 할 때, 그것을 벡터량이라 부른다. 그러나, 거리의 경우처럼 그 척도가 크기만의 지정을 요구한다면, 이것은 스칼라 량이라 부른다. 벡터량의 개념은 스포츠 운동의 연구에 특히 중요하다.

(2) 속력과 속도

물체가 경험하는 위치의 변화를 설명함에 있어, 얼마나 빠른 변화가 일어나는가의 문제는 중요하다. 거리와 변위에 대한 고찰은 위치의 변화를 설명할 때 필요해진다는 것을 앞서 설명한 내용으로부터 알 수 있다. 또한, 위치의 변화에 걸리는 시간도 고려해야 할 필요가 있는 요소이다.

속력(speed)은 위치의 변화율을 정량화 하는데 사용할 수 있는 하나의 척도이다. 그리고, 일상생활에서 이 개념은 비행기, 자동차, 인간, 봅슬레이, 화살, 야구볼 등 관련되는 물체가 무엇이든 상관없이 그 물체가 얼마나 빨리 이동하는가를 설명하는데 사용된다.

바이오메카닉스적인 전문용어로서 속력은 다음과 같이 정의된다.

$$속력 = \frac{주파거리}{소요시간}$$

대부분의 스포츠경기는 거리를 m(metres)로 기록하고 시간을 s(second)로 기록한다. 따라서, 이 경우 속력의 단위는 $m \cdot s^{-1}$(metres per second)이다. 이것은 가장 일반적인 단위이지만, mi/hr(miles per hour), km/hr, km/s 등과 같은 속력의 단위도 빈번히 사용된다.

일상생활에서 "얼마나 빨리?"라는 질문을 받았을 때 물체가 이동하는 방향에 관계하는 답을 찾지 못한다. 그러나 방향의 요소는 스포츠 과학자에 있어 대단히 중요하다. 왜냐하면, 일찍이 지적한바와 같이 방향을 포함한 물체의 운동의 변화는 힘의 작용에 직접적으로 관계되기 때문이다. 따라서, 방향에 관한 위치의 변화율은 속도(velocity)로서 계산된다. 즉,

$$속도 = \frac{변위}{소요시간} 이다.$$

계산된 속도의 크기는 또다시 m/s의 단위로 표기된다. 그러나, 부가적으로 방향이 지정되어야만 한다.

2) 선운동역학

(1) 힘

힘은 물체 상호간에 작용이 있을 때는 언제나 일어난다. 이 상호작용은 물체사

이의 관계가 접촉해 있거나 혹은 떨어져 있는 곳에 존재한다. 이 간단한 설명에서 힘은 항상 존재하고 있음을 알 수 있다. 그리고, 힘에 대한 이해는 운동을 이해하는 기본이 된다. 힘의 본질적인 중요성은 다음과 같이 요약된다.

힘은 물체의 운동상태를 변화시킨다. 그와 같은 변화는 다음과 같은 경우에 일어난다.

a) 물체의 속력이 증가할 때

b) 물체의 속력이 감소할 때

c) 속력변화와 무관하게 혹은 관련되어 물체의 방향이 변화할 때

이와 같은 세 가지 점은 "속도의 변화"로서 요약할 수 있다.

(2) 중력

어떤 물체에 대해 작용하는 중력을 중량이라 부르며, 이것은 질량에 따라 다르지만 질량과도 구별된다. 이 전문용어는 종종 혼용되기도 하지만 실제로는 전혀 다른 의미를 갖는다. 특히, 중량은 물체에 대해 작용하는 중력의 크기를 가리키며, 반면에 질량은 실제적으로 그 물체를 구성하는 물질의 양을 의미한다. 만약, 어떤 사람이 지구상에서 수직도를 실시하고 또 달에서도 실시하였다면, 그 사람의 질량은 두 가지 예에서 동일하다. 그러나, 도약자가 굉장히 적은 질량(즉 달)과 상호작용하고 있기 때문에 도약자의 중량은 상당히 적어질 것이다. 따라서, 도약자에 대해 작용하는 인력(중량)은 보다 적을 것이다. 수직운동(즉 높이뛰기)에 관련하는 종목의 경기자는 지방과 같은 여분의 신체질량을 줄이고 유니폼과 슈즈 같은 복장의 질량을 최소화하는 것이 특히 유익함을 알 수 있다.

(3) 뉴턴의 제 1법칙

뉴턴은 힘과 운동의 관계를 검증하여 세 가지 법칙을 정의했다. 그 첫 번째는 다음과 같이 서술되는 것으로 관성의 법칙으로 불린다.

물체에 작용하는 외력에 의해 물체의 운동상태가 변화하지 않는다면 모든 물체

는 일직선상에서 일정한 운동상태(혹은 정지상태)를 계속할 것이다. 이 법칙은 물체에게는 현재의 운동상태를 바꾸지 않으려는 본래의 저항을 가지고 있음을 가리킨다. 만약 물체가 일직선상에서 운동한다면 일정한 속력으로 일직선상을 계속해서 운동하는 경향을 갖는다. 그리고 물체가 정지해 있다면 정지상태를 유지하려는 경향을 갖는다. 그것은 물체의 관성이라 불려지는 것으로 물체의 운동상태의 변화에 대한 저항이다.

관성에 관한 몇 가지 관점을 알아보자.

a) 관성의 설명을 변화에 대한 저항으로 했을 때 물체는 관성을 상실하거나 증대 혹은 극복하지 못한다. 물체의 관성을 바꿀 수 있는 유일한 방법은 약간의 질량을 감소시키거나 증대하는 것이다. 이것으로부터 선운동의 환경내에서 물체의 관성적 특성을 결정하는 것은 질량이라는 것을 알 수 있다. 만약 한 물체의 질량을 동일하게 유지한다면 그 물체의 관성도 동일하게 유지된다. 스포츠선수에 있어 중요한 내용중의 하나는 과다한 질량은 보다 큰 관성을 주게 되며, 급속한 속력과 방향의 변화를 불가능하게 한다.

b) 법칙은 물체의 본래의 운동이 일정한 속력으로 일직선상을 이동하는 것임을 분명하게 한다. 이것은 물체가 속력을 증가시키거나 감소시킬 때 혹은 방향을 바꿀 때에는 외력이 작용해야 한다는 것을 의미한다.

c) 운동이 있다면 거기에는 힘의 작용이 있어야만 한다는 논고가 뉴턴 이전에도 있었다. 그러나, 뉴턴의 제 1법칙은 이 운동현상이 필연적이 아님을 지적한다. 만약 한 물체가 제 1법칙에 따라 일정한 속력으로 일직선상을 이동한다면 힘을 경험하지 못한다. 매일 운동을 관찰하는 주관적인 경험은 이것에 모순됨을 알 것이다. 예를 들어, 볼을 킥한다면 그 볼은 언제까지 계속해서 구르지 않는다. 그러나 정지되어 가는 볼의 움직임은 실제로 힘(마찰력)의 작용을 받고 있기 때문에 뉴턴의 법칙에 어긋나지 않는다. 역학에 숙련되지 않은 사람은 작용하는 힘 모두를 항상 인식하지 못할 것이다.

(4) 뉴턴의 제 2법칙

힘에 대한 검토를 계속하는데는 운동량의 개념을 소개할 필요가 있다. 만약 "물체가 어느 정도 큰 운동을 하는가?"라는 질문을 받는다면 전문성이 없는 사람의 직관적인 답은 대개 속력 혹은 속도에 관계하는 것이다. 그러나, 이것은 운동을 정량화하는 완전한 방법은 아니다. 다음의 질문을 검토해 보자. "만약 110kg의 플로프포드와 65kg의 플라이하프가 6m/s의 속력으로 볼을 가지고 같이 달린다면, 어느 쪽이 보다 큰 운동의 양을 갖는가?" 플로프포드와 플라이하프를 태클하려는 선수가 속력 혹은 속도의 개념만 가지고 운동의 양을 설명하는 것은 불충분하며, 물체의 질량도 고려해야만 한다는 것을 질문자체에서 나타내고 있다. 운동량의 정의는 다음과 같이 두요소를 결합시켜야 한다.

즉, 운동량 = 질량 × 속도이다

궁수의 활로부터 발사된 화살은 상대적으로 적은 질량을 가졌음에도 불구하고 큰 운동량을 가지며, 스크럼머신을 미는 8명의 럭비포드는 느리지만 큰 운동량을 갖는다. 뉴턴의 제 2법칙은 이 개념을 사용하여 다음과 같이 서술된다.

물체의 운동량의 변화율(고정된 질량을 가진 물체의 가속도)은 변화를 일으키는 힘에 정비례하며, 운동량의 변화의 결과는 힘이 작용되는 방향으로 일어난다. 즉,

$$\overline{F} = \frac{(m_f \times v_f) - (m_i \times v_i)}{t}$$

여기서,

$\overline{F}$ = 평균힘 　　　　　　　　　v_f = 시간간격 끝점의 속도

m_f = 시간간격 끝점의 질량 　　　　v_i = 시간간격 시작점의 속도

m_i = 시간간격 시작점의 질량 　　　t = 시간간격

이다.

(5) 뉴턴의 제 3법칙

뉴턴의 제 3법칙은 공식적으로 다음과 같이 기술된다.

"한 물체가 제 2의 물체에 힘을 작용하면 크기가 같고 방향이 반대인 힘을 제 2의 물체가 첫 물체에 작용시킨다."

이것은 쉽게 기억하는 관용구로서 작용반작용의 법칙으로 불려지지만, 스포츠운동의 분석을 목적으로 함에 있어 근거는 이상 서술된 내용으로 완전한 정의를 내리는 것이 필요하다.

이 법칙을 사용하여 해석할 때 고려되어야 할 필요가 있는 많은 중요한 관점이 있다.

그 법칙은 두 물체에 관한 법칙이기 때문에 상호작용에 관련되는 두 물체를 검증하는 것이 해석을 할 때에 중요하다. 작용반작용은 한쌍으로서 간주되지만, 그들은 결코 같은 물체에 한쌍으로 작용하지 않는다. (여기서 "물체"는 외력 혹은 내력의 힘을 정의하는 운동계에 관련된 것임을 유의한다.)

(6) 운동량보존

뉴턴의 제1법칙에 함축된 의미의 하나는 어떤 특정 대상운동계에 있어 순수한 외력이 작용하지 않는다면 운동계내의 운동량은 일정하게 유지된다. 이것은 운동량보존의 법칙으로 알려져 있으며, 한 물체 이상이 대상운동계로 정의된다 하더라도 적용된다.

3. 스포츠 카운셀링

1) 스포츠 카운셀링

스포츠 현장에서 스포츠심리학자의 주된 임무와 역할은 연구와 교육, 그리고 상담을 하는 것이다. 이 중 스포츠 상담이란 선수의 문제해결을 목적으로 상담서비스를 제공하는 행위를 말한다. 최근 상담을 제공하는 사람을 스포츠 컨설턴트(sport consultant) 또는 스포츠상담자(sport counselor)라고 일컫는다. 스포츠 컨설턴트로서의 스포츠심리학자는 팀, 개인, 조직에 스포츠 심리 서비스를 제공하여 개인의 성장과 스포츠 현장에서의 수행향상을 꾀하는 역할을 맡으며, 스포츠 상담자로서의 스포츠심리학자는 개인 내담자의 심리적 정서적 문제해결에 초점을 둔다. 선수들이 경쟁적인 스포츠에 참가할 때 신상문제, 경기력, 부상우려 등과 같은 여러 가지 이유로 인해 스트레스를 호소하는 경우가 종종 있다. 예를 들면, 어린나이에 선수생활을 하게 되는 경우 학생의 역할과 선수의 역할에서 가치의 혼란을 겪게 되며, 동년배 집단이나 코치, 감독과의 인간관계 문제로 어려움을 겪기도 하고, 부모와 코치의 태도와 기대에 갈등을 경험하기도 한다. 이와 같이 성장과 발달의 과정에서 여러 가지 많은 문제들에 직면하게 될 때 선수들은 상담자로서의 스포츠 심리학자가 더욱 절실히 필요하게 된다. 이에 Danish, Petipas 그리고 Hale[1)]은 개인이 어려움을 겪을 때 상담을 통해 문제해결을 해야 한다고 주장했다.

1) Danish, S. J., Petipas, A. J., & Hale, B. D. (1993). Life development intervention for athletes: Life skills rough sports. The Sport Psychologist., 21(3), 352-385.

(1) 스포츠 카운셀링 이론

상담(counseling)은 인간행동에 관한 과학적 이론에 그 기초를 두고 진행하기 때문에 이론이 정립되지 않은 상담은 무척 위험하다고 할 수 있다.[2] 스포츠 상담 역시 스포츠라는 상황속에서 일어나는 인간의 행동을 다루기 때문에 이론은 반드시 필요하다. 스포츠 상담 이론의 대부분은 상담심리 이론과 공유되거나[1] 심리학에서 빌려와 스포츠에 적용된 것이 대부분이다.[3] 심리학에서 건너와 스포츠 상담 이론으로 소개된 이론들은 주로 정신분석모델, 행동주의 모델, 인지모델, 인간중심적 모델, NLP(Neuro-Linguistic Programming) 모델이다.[3] 본 장은 스포츠 상담 이론에 대해 소개한 Hill[3]의 "Frameworks for Sport Psychologisis - Enhancing Sport Performance" 문헌을 바탕으로 하였다. 여기에서는 NLP를 제외한 4개 이론에 대해서만 소개하고자 한다.

① 정신분석 이론

'정신분석의 아버지'라 불리는 프로이드에서 기원되었으며 현 이론 모델 중에서 가장 오래되었다. 정신분석 모델에서는 개인의 역사가 가장 중요하다.

- **기본개념**

– **역동**(dynamic)

정신분석 모델에서 보는 성격 형성의 기본 과정은 내적갈등이 어떻게 형성되었는가 하는 것이다. 프로이드는 내적 갈등을 자아(self)에 맞서는 세 가지 힘 즉 원자아(id), 자아(ego) 초자아(superego)의 힘이 서로 밀고 당기는 것으로 인해 야기된다고 하였다. 원자아는 완전한 생물학적 추동(drive)과

---

2) 정원식, 박성수, 김창대. (1999). 카운슬링의 원리. 서울: 교육과학사.
3) Hill, K. L. (2001). Frameworks for sport psychologists: Enhancing sport performance. Champaign, IL: Human Kinetics.

몸의 욕망과 관련된 쾌락을 끊임없이 추구하며, 자아는 성격의 집행자로 현실에 발을 붙이고 원자아와 초자아의 균형을 맞추는 역할을 한다. 초자아는 개인의 내적 도덕성인 양심(conscience)과 개인이 추구하고자 하는 자아이상에 의해 작동한다. 또한 프로이드는 내적 갈등을 내재화 시키는데 영향을 끼치는 것으로 리비도(libido; 성적추동)와 공격성을 들었다. 리비도는 생물학적 추동의 동기 원천으로 작용하며 프로이드는 인간의 성격형성을 심리성적발달 이론으로 설명하였다. 심리성적 발달은 성적 만족을 수용하는 신체의 일부에 의해 구분되어지는데 발달단계에 따라 구강기, 항문기, 남근기, 잠복기, 생식기로 진행된다. 각 단계는 ego에 대한 자신의 과업에 의해 특징화되어진다. 과업의 대표적인 예로 남근기의 외디프스 콤플렉스를 들 수 있다. 남성에게 외디프스 콤플렉스는 자신의 어머니에 대한 열정적인 사랑과 어머니를 소유하고자 하는 바램이 아버지의 노여움에 대한 공포로 자신이 어떻게 행동해야할 것인가의 갈등을 해결하고자 하는 것이다. 이 갈등에서, ego는 어머니를 아버지로부터 빼앗기 위해 어머니를 소유하고자 하는 id의 바램과 아버지로부터의 보복에 대한 공포(거세 공포) 사이에 협상을 해야만 한다. 이 갈등의 성공적인 협상은 남자아이의 어머니에 대한 성적 감정이 무의식으로 억압되어 아버지와 동일시를 이루는 것이다. 남자아이가 이러한 갈등을 성공적으로 협상하지 못한다면, 남근기 단계에서 고착될 것이다. 프로이드에 의하면, 이 고착은 후에 삶에서 어려움을 초래할 수도 있다고 하였다. 예를 들면, 남근기에 고착된 남자아이는 이성에 대한 마음이 건강하게 발달하지 못하고 호모적인 행동, 죄책감, 수치심으로 나타날 수 있다고 했다.

- 무의식

사람들은 어떤 사건에 대해 지나치게 반응한 경험을 가지고 있다. 이러한 반응에 대해 "그런 것이 어디에서 왔을까?"하는 의문을 품게 된다. 프로이드는 이에 대한 해답을 무의식에 두었다. 인간은 고통스런 생각, 정서, 교란시키는 멘탈(mental) 이미지를 자기방어를 위해 무의식속에 억압하거나 감금시킨다. "나를 괴롭히는 형을 정말로 때리고 싶어"라는 생각(id의 공격적인 추동)과 "착한 아이들은 싸우지 않는다"(superego의 사회적 내면화)는 생각은 - 같이 존재하며 상호작용하면서 갈등을 초래한다. 이 갈등은 초조해지며 종종 사람을 고통스럽게 한다. 이것이 해결되지 않을 때, 갈등은 "모르는" 그러므로 덜 고통스러운 곳인 무의식속으로 밀려지거나 억압된다. 그러나 고통스럽고 해결되지 않은 갈등은 무의식속으로 억압되고 중립화되어지지 않고 전체적으로 억제된다. 억압된 것은 대게 왜곡된 형식으로 나타나게 된다 - 꿈, 언어 은유, "혀의 잘못(실수)".

- **방어기제**

인간은 부끄러움, 죄책감, 분노와 같은 정서적 고통과 불편함으로부터 자기스스로를 방어하려고 한다. 인생 전반을 통하여 개인은 갈등의 고통에서부터 자신을 보호하기위해 방어기제를 형성한다. 방어기제는 무의식 안에서 갈등을 억압하거나 덜 위협적인 형식안에서 갈등을 위장하기위해 현실을 교란함으로써 저항할 수 없는 분노로부터 자신을 보호하기위해 사고를 재교정 하게 된다. 무의식속에서 진실을 감춤으로써 고통이 줄어든다는 생각은 의식적으로 마음이 안정된다고 제시됨으로써 고통스런 분노, 수치심, 죄책감으로부터 자아를 보호하게 된다. 이러한 방어들은 최소한 단기간은 자기보호적이고 적응적이다. 그러므로, 방어기제들을 제거하는 것은 그 사람에게는 상당한 혼란을 일으킬 수 있으며 큰 관심을 행해야한다. 방어기제는 정신분석에서 분석의 초점이 된다. 내담자를 이해하고 방어기제를 깨닫게 하는 것은 정신분석 개입의 주요한 목적이다. 이것은 무의식에 감금된 갈등을 해결하는 열쇠를 제공한다. 무의식은 미해결된 갈등을 가지고 있기 때문에, 방어기제의 제거는 큰 관심을 다루게 되는 것이고 내담자는 이러한 고통을 다루는 것에 저항할 것이다. 정신분석에서는 이러한 방어를 결점으로 보지 않는다. 내담자의 방어는 자아(ego)를 강화시키고 보호하기위한 능력의 증거이다. 스포츠 상황에서 일어나는 흔한 방어기제의 예들을 <표 1-1>에 제시하였다.

표 1-1 선택된 정신분석적 방어기제의 예

방어	정의	예
부정 (Denial)	현실을 수용하거나 불안의 진짜 원인을 깨닫는 것을 거절하는 것	아홉 번째 이닝에서 끝내기홈런을 맞은 Pitcher의 즉각적인 반응은 "안돼, 안돼" 나는 믿을 수 없어. 이런 일은 있을 수 없어.
합리화 (Rationalization)	이유를 댐으로써 비합리적인 행동을 정당화하는 것	"내 행운의 양말을 입는 것을 잊어버렸기 때문에 나는 플레이를 잘 할 수 없어"
퇴행 (Regression)	초기 발달 단계의 특성으로 행동하는 것	코치는 선수가 에러를 했을 때 짜증(화)을 낸다.
전위 (Desplacement)	약한 사람이나 대상에게 더 큰 위협이나 힘을 행하는 것으로 방향을 바꿈으로써 원치않는 감정과 생각을 표현하는 것	유격수가 에러한 후에 많은 이들 앞에서 자신을 호되게 꾸짖은 코치에게 화가 났다. 그래서 그는 다른 선수들에게 수다를 떨고 있는 batboy에게 "닥쳐"라고 소리질렀다.
금지 (Inhibition)	화난 감정을 피하기위해 생각이나 행동을 통제하는 것	선수는 자신의 주장을 억제하거나 화를 피하기 위해 상대방과 거친 플레이를 하거나 접촉하는 것을 피한다.
반동형성 (Reaction formation)	정반대의 감정이나 사고를 억압하기위해 과장된 생각이나 감정을 하는 것	어떤 선수는 느리게 천천히 하고 싶은 것에 대해 방어하기위해 늘 일찍 연습하고 게임한다.
승화 (Sublimation)	바람직하지 못한 충동을 사회적으로 승인된 생각이나 행동으로 돌리는 것	강한 공격성을 가진 사람이 챔피언 복서가 되었다.
억압 (Repression)	고통스러운 기억을 의식밖으로 밀어내는 것	"스파이링"의 기억이 없는 풋볼 선수가 몸의 마비가 초래된 것
투사 (Projection)	자신의 바람직하지 않은 특징들을 다른 이에게 돌리는 것	코치에게 화가 난 배구선수가 코치를 향해 즐겁게 행동하지만 코치가 그녀에게 화가 났다고 팀동료들에게 불평한다.
구분짓기 (Splitting)	"좋은거 vs 나쁜거" 양분법으로 세상을 구분짓고 "전부다 혹은 모두가 아닌"방식으로 작용하는 것	한 번의 나쁜 call후에, 선수는 심판이 무능하며 "늘 우리팀에게는 이런 식"이라고 단정한다.

- 전이

정신분석 모델의 세 번째 초점은 현재의 감정, 사고, 행동의 주요한 구성요소로 사람의 과거에 강조점을 둔다는 것이다. 전이는 과거의 관계가 정서적으로 중요한 측면을 재생산함으로써 현재의 관계를 만들도록 요구한다.

스포츠에서는 어떤 선수가 자신의 아버지에 대한 예전의 기억, 태도, 감정이 코치와의 새로운, 열정적인, 상호작용적인 관계로 새롭게 만들어지는 것을 볼 수 있다. 인간에게, 가장 중요한 초기 관계는 부모이다. 현 정신분석가들은 내담자의 어머니, 아버지, 다른 초기의 돌보는 이와의 관계가 가장 중요하다고 보았다. 특히 관심을 두어야 하는 것은 초기 돌보는 이와 형성되는 애착의 결속력과 후에 돌보는 이들로부터 독립되어지는 특징이다. 주요한 돌보는 이와의 최적의 애착은 그 사람의 무기력을 완화시키고 독립을 향해 성숙에 필수적인 안전 감각을 제공한다. 이러한 이유로, 초기 애착과 분리 혹은 개인화를 향한 이후의 움직임이 정신분석 상담에서 중요한 조사영역이다. 만약 애착과 개인화의 이러한 과정들이 사람에게 덜 최적화된다면, 후에 타인과의 관계에서 갈등과 고통을 초래할 수 있다. 전이 현상은 내담자와 심리학자 사이의 관계에서 중요한 영향을 끼친다. 내담자가 상담자와의 관계에서 초기 관계의 중요한 측면을 반복하여 형성할 것이라는 것을 예상할 수 있다. 게다가, 심리학자의 과거 관계는 자신도 모르게 상담회기에서 드러날 수 있다. 이 과정을 역전이라고 한다. 상담자는 자신의 과거의 관계를 상담회기로 가져오지 않도록 자신의 감정과 생각을 인식하고, 분석하고, 다루어 상담관계를 통제하고 피하도록 해야 한다.

- **목표와 과정**

정신분석 모델의 목표는 자신을 아는 것이다. 의식과 무의식 측면 둘 다를 아는 것과 이해하는 것은 자아를 향상시킨다. 과거 불안-갈등을 일으키는 원인을 알게 하는 것은 방어기제, 전이, 무의식의 다른 창, 꿈이나 언어 은유같은 분석을 통해 이루어진다. 그리고 내담자에 대한 자료의 해석을 통해 분석된 것이 제공된다. 분석 동안, 내담자는 상담가들이 해석하고 분석하는 자료를 이해하고 수용하려고 한다. 수용이 되지 않는 것은 저항으로 보여진다. 내담자가 저항을 극복하는 데는 상당한 시간이 걸리며 장기간의 상담이 이루어져야 한다. 상담이 진행되면, 내담자는 자신의 패턴을 깨닫기 시작하고 자기해석과 자기분석이 가능해 진다. 자기분석은 내담자가 자신을 이해하고 정신분석의 목표가 진행됨을 의미한다.

② 행동주의 이론

정신분석은 숨겨진 내적 삶을 이해하는 것에 강조점을 두지만 행동주의 이론은 사람을 형성시키는 환경에서부터의 조건화, 학습화에 강조점을 둔다. 행동주의 학자들은 경험적으로 측정될 수 있고 검증할 수 있는 행동적 소멸과 재교육기법을 선호한다. 또한 정신분석 이론이 성격형성의 기초가 되는 개인적 사건에 중점을 두는 반면에, 행동주의는 조건화된 기법을 통하여 고쳐 배울 수 있고 수정될 수 있는 학습된 사건으로 개인적 사건들을 바라본다.

• 기본개념

행동주의 이론은 인간을 학습하는 유기체로 보고 있다. 학습(learning)은 경험의 결과로 일어나는 행동의 영원한 변화로 정의된다. 행동주의 학자들은 정상과 비정상적 행동 두 가지다 학습되고 고쳐 배울 수 있다고 본다. 그러므로, 상담회기의 초점은 자신의 현 행동과 학습된 과정을 반영하는 내담자의 학습된 경험에 있다.

- 고전적 조건화

조건화(conditioning)는 환경적 사건과 유기체 반응간의 관련성 생성에 기여한다. 예로, 뜨거운 표면을 만졌을 때 반사적으로 손을 떼게 된다. 만약 집에서 수세식 변기의 물이 벌컥 쏟아져 샤워물을 갑자기 뜨겁게 만든다면, 당신은 변기 물 넘치는 소리가 들릴 때 물에서 멀리 점프하도록 조건화될 것이다. 변기물이 쏟아지는 소리가 뜨거운 물이 넘치도록 하는 것과 상관이 있기 전에는 싸워 물에서 멀리 점프하는 행동은 일어나지 않았다. 변기물이 넘치면 물이 뜨거워 진다는 것을 학습했기 때문에, 물이 뜨거워지기 전에 멀리 점프하는 적응적인 행동이 이 상황에서 새로운 행동으로 습득된 것이다.

자극일반화(stimulus generalization)와 변별(discrimination)은 고전적 조건화에서 중요한 가정이다. 자극 일반화는 비슷한 자극에서 같은 반응을 보이는 것이다. 어린 Albert의 경우에, 흰 털 달린 쥐에 대한 공포를 가지고 있었다. Albert의 쥐에 대한 공포는 일반화되어 다른 흰털 달린 모든 대상에 대한 공포를 보였다. 자극 변별은 같은 자극에서만 일어나고 비슷한 자극에 대해서는 반응하지 않는 것이다. 예로, 파블로프의 개는 다른 벨 소리에 대해서는 반응을 하지 않았다.

- 조작적 조건화

조작적 조건화에서 학습자는 행동결과를 연결시킨다. 행동은 동시적인 강화 혹은 처벌 이후 뒤따르는 특별한 행동(선수의 행운의 부적은 승리와 연관된다)을 통하여 학습된다; 형상화를 통해, 목표 행동을 향한 성공적인 접근은 보상 혹은 처벌되어진다; 결과가 계획되어지던 아니던 상관없다; 행동이 강화(reinforcement)되면 증가되고, 처벌과 연관되면 감소된다.

강화에는 두 가지 유형이 있다. 긍정적 강화와 부정적 강화. 둘 다 행동이 반복될 것이라는 가능성을 강화한다. 긍정적인 강화는 바람직한 즐거움으로 사람에게 보상을 준다 - 예를 들면, 한 가지 일을 끝내면 사탕을 하나 준다. 부정적인 강화는 즐겁지 못한 사건의 제거와 관련되며 불쾌감이 사라지기 때문에 만족하는 것과 관련된다. 아스피린을 먹고 그 결과 두통에서 해방된 것은 부정적인 강화의 한 예이다. 아스피린을 먹는 행동은 다음에 두통이 있을 때 강화되며 재발될 것이다.

강화의 시점과 일관성은 행동의 습득과 강도에 영향을 준다. 일반적으로, 계속해서 주어지는 강화는 행동의 습득을 가속화시킨다. 그러나, 계속적인 강화는 무뎌지게 되거나 탈락시킬 가능성이 있다. 강화가 간헐적으로 일어나는 부분적인 강화(partial reinforcement)는 행동을 더 지속적이고 영원하게 하는 경향이 있다. 행동의 부정적 혹은 만족하지 못한 결과를 처벌이라고 부른다. 처벌은 늘 행동이 다시 일어날 가능성을 감소시키고 원치않는 행동을 제거하는데 유용하다. 강화로, 처벌은 행동이후에 즉각적으로 주어졌을 때 가장 효과적이고 계속적으로 적용할 수 있다. 처벌과 강화는 둘 다 조작되어지는 감정을 만들 어 낼 수 있다는 단점을 지닌다.

- **사회문화적 조건화-모델링**

학습의 세번째 유형은 대리강화(vicarious conditioning) 혹은 관찰학습(observational lerarning)이다. 인간은 타인을 관찰함으로써 학습한다. 만약 다른 사람이 행동의 결과로 긍정적인 마무리를 경험한다면, 후에 우리 자신의 행동을 모델화하려고 한다. 만약 행동의 부정적인 마무리를 관찰한다면 그 행동이나 패턴을 따라하지 않으려고 한다. 관찰학습은 모델의 질 즉 관찰자-학습자에게 영향을 끼친다. 아이들은 종종 부모나 프로 선수와 같은 영웅을 모델로 삼는다. 왜냐하면 그들을 존경하기 때문이다. 달리 말하면, 외적으로 성공하였거나 자신과 비슷한 모델은 전형적이거나 자신과 다른 모델보다 더 모방하려는 경향이 있다.

Bandura[4]는 학습과정에서 다른 사람의 중요성 때문에 타인을 모방하려는 경향을 사회학습(social learning)이라고 언급했다. 사회적 행동 이론은 인간의 인지 보다 행동에 더 초점을 두었다.

- **목표와 과정**

행동주의 개입의 목적은 이전에 학습된 부적응적인 행동 패턴을 자기 향상적 행동으로 대치하기위해 올바른 학습경험을 내담자에게 제공하는 것이다. 자기이해는 반드시 필요하지 않다. 그러나 자기조절 즉 자신의 행동을 수정하고 조절하기 위한 학습은 반드시 필요하다. 행동주의 모델에서 상담자의 역할은 교사의 역할이다. 상담가는 내담자에게 새로운 행동을 학습하고 부적절한 행동은 버리도록 기회를 만들어 준다. 행동 주의자들은 내담자의 행동의 "의미"보다는 행동 그 자체에 초점을 둔다. 내담자의 오랜 기간의 역사(history)에는 흥미가 없으며, 오로지 내담자의 행동이 초기에 어떻게 학습되었으며 어떠한 환경조건이 행동을 반복하도록 하였는가에 대한 정보에만 관심이 있다.

---

4) Bandura, A. (1986). Social foundations of thought and action: A social cognitive theory. Englewood Cliffs, NJ: Prentice Hall.

행동 치료 계획은 한 시점에 한 가지 혹은 두 가지 문제점 영역만을 다룬다. 내담자는 자신을 가장 괴롭히는 문제를 인식하는 것이 중요하다. 상담자와의 토론에서, 문제는 하위요소들로 나누어지고 문제행동의 철저한 묘사가 일어난다. 이러한 묘사는 문제를 해결하는데 장기 목표와 단기 목표를 세우는 기초가 된다. 내담자는 자신을 치료의 도구적 중재인으로 바라보게 된다.

- **평가**

일단 문제 영역이 드러나면, 구체적이고 체계적인 평가 과정이 시작된다. 행동주의자들은 내담자의 가장 큰 고통이 정확히 어디인지를 결정한다. 내담자는 평가 과정에서 중요한 역할을 한다. 심리측정 테스트는 거의 없다. 행동 목록과 자기 보고만 있다. 내담자는 목표 행동의 상세한 기록을 계속해서 요구받는다. 초기 평가는 부적절한 행동을 수행하거나 엄격한 행동을 조성하게 하는 자극과 보상을 평가하도록 한다. 이러한 상세한 기록들은 측정동안 과정을 측정할 수 있는 기초선을 제공한다.

평가는 행동의 정확한 이해 혹은 정의를 내리게 한다. 예를 들면, 불안과 관련된 행동은 선수들에게 적응적일 수도 있고 부적응적일 수도 있다. 불안을 생성하는 상황의 조사를 통해서만 선수와 상담자가 불안 관련된 행동이 적응적인지 부적응적인지를 결정할 수 있다. 정확한 평가는 구체적이고 측정가능한 목표를 설정하는데 필요한 자료를 제공한다. 평가는 상담 전반을 통하여 계속되어야 하고 목표 획득을 위한 측정 도구를 제공한다.

- **목표설정**

체계적인 평가는 내담자의 단기, 장기 목표를 설정하기위해 필요한 정보를 제공한다. 행동주의적 평가의 조사는 어떤 행동이 수정되어야 할 것인지 뿐만 아니라 어떠한 환경이 성공적으로 조성되기위해 수정될 수 있는지와 어떻게 "성공"이 목표설정에서 정의되어질 것인지를 결정한다.

효과적인 목표를 디자인하기위해 SMART 시스템에 적용한다. 첫째, 정확성(specific). 정확한 목표 행동의 상세한 묘사를 언급한다. 환경의 정확한 요구

뿐만 아니라 행동을 포함하기도 한다. 둘째, 측정가능성(measurable). 효과적인 목표는 측정가능해야 하며, 측정 방법은 목표 진술로 되어야 한다. 자기보고와 정확한 기록은 내담자 행동의 자기모니터링을 조성하기위한 기초선으로 제공된다. 셋째, 행동지향적(action oriented). 행동 목표는 개념적이기보다 행동 지향적이어야 한다. 타인에 의해 관찰가능한 행동 용어로 진술되어야 한다. 넷째, 현실적(realistic). 현실가능한 목표설정인지를 파악하여야 한다. 다섯째, 시간설정(timed). 언제까지 목표를 이룰 것인지를 시간을 정해두어야 한다. 어떤 목표설정 시스템은 SMARTER로 유연한(elastic)과 반복적(repeatable) 특성을 첨가했다. 유연성은 one-point 목표보다는 window 목표로 목표설정 기준을 언급했다. 예를 들면, 88과 92사이의 90으로 골프 스코어 목표를 설정하거나, 3:59:30와 4:00:00 사이의 3:59:30으로 트랙 시간을 설정하는 것이다. 이러한 window목표는 더욱 더 유연하고 더 성취할 만하기 때문에 선호적일 수 있다.

- **강화기법**

특별한 행동을 소멸, 형성, 강화시키기는 강화인자를 찾는 행동수정 기법이다. 일단 강화인자가 인식되어지면, 상담자는 강화인자를 조작하기위해 프로그램을 디자인한다. 예를 들면, 먹는 것은 제거할 수 없는 강화인자이다. 이것은 가변간격강화계획에의해 지지되어질 수 있어 변화되기 어렵다. 높은 칼로리 음식과 같은 강화인자가 내담자의 가정 환경에서 줄어드는 것으로 디자인되어야 한다. 맛이 좋은 음식은 먹는 행동과 관련이 있으며 강화인자가 된다. 프로그램 디자인은 성공적인 다이어트의 일주일 후에 마사지 받는 것이나 새 옷을 사주는 것과 같은 한 가지 보상을 포함할 수 있다. 이러한 보상은 내담자의 내적 삶에서부터라기보다 외적 환경에서부터 기원한다. 행동수정 프로그램의 궁극적인 목적은 내담자에게 자기이해 프로그램을 설정할 수 있도록 기법을 가르치는 것이다. 개인적 성공을 조성하기위해 자신의 삶을 통제하고 자신의 환경을 조작하도록 내담자를 격려하는 것은 행동수정의 총체적 목표행동이다. 행동수정은 학습과 환경이 자신의 행동에 얼마나 영향을 주는지를 가르침으로써 내담자를 조력한다.

- **노출기법**

노출 치료의 기본 형식은 내담자로 하여금 불안 조성 상황에 관여하게 하는 것이다. 종종 심리학자의 지지 출현과 오랫동안 그 상황을 경험하게 한다. 내담자는 회기의 처음부터 마지막에 이르기까지 불안조성 상황에서 편안함을 느끼기에 충분한 혹은 최소한 스트레스의 감소를 느낄만큼 머무르는 것이 중요하다. 불안조성 상황에서 반복된 경험과 감소된 스트레스 수준으로, 내담자는 두려움의 예상과 직면하게 된다. 새환경에의 순응은 스트레스 수준을 감소시킴으로써 강화되어 궁극적으로 성취하는 것이다.

노출 기법의 하나로 체계적 둔감법이 있다. 이는 내담자로 하여금 불안을 생리학적으로 학습시키는 것이며 점차적으로 불안조성 상황에 노출시키는 것이다. 예를 들어서, 메스꺼움, 입술마름, 근육긴장의 증상은 투쟁 혹은 도피 행동의 관점으로 설명된다. 내담자와 상담자는 불안 조성 자극의 계층적 목록을 함께 구성한다. 그 목록은 온화함에서부터 극도의 스트레스에 이르기까지 구분된다. 내담자는 점진적 이완과 같은 몇 가지 이완 전략을 배운다. 내담자가 이완 전략을 시행하는 동안 자신의 목록에서 온화한 스트레스원을 상상하도록 하고 상상한 스트레스 상황에서 이완하게 한다. 온화한 스트레스 상황을 상상하여 어떤 불안 상황에서 벗어날 수 있을 때, 내담자는 목록에서 다음 스트레스 인자로 진행할 수 있으며 계속해서 스트레스 인자 목록에 다가갈 수 있고, 새로운 수준에서 이완을 학습할 수 있다.

스포츠 상황에 적용한 노출기법의 예로, Lee[5]는 상해에 대한 회피반응을 가지고 있는 체조선수들을 위한 개입으로 점진적 혹은 등급에 따른 계층 과정을 묘사했다. 이 경우에 행동 개입은 '안전한 환경'을 제공하는 것이다. 단순한 움직임에서부터 복잡한 움직임으로 수행되어야 한다. 개입의 마지막

5) Lee, C. (1988). Behavioural intervention following a sporting injury: A case study. Behaviour Change 5: 154-159.

은 자발적인 회복의 가능성을 코치로 하여금 알리도록 하는 것이다. 체조선수의 수행, 자신감, 동기가 개입 후 석달 후에 향상되었고 체조선수의 코치는 더 이상 행동에 문제가 없음을 보고하였다.

③ 인지주의 이론

인지주의 이론의 핵심은 "나는 생각한다. 그러므로 그것이 내가 어떻게 존재하게 되었는 가이다" 라는 말로 표현할 수 있다. 인지이론은 사고패턴과 멘탈 습관이 자신의 행동과 감정을 결정하는 중요한 힘이라고 본다. 정신분석적 관점은 감정과 행동에서 무의식적 에너지 역동이 중요하며, 행동주의 관점은 관찰 가능한 행동에 환경이 어떻게 영향을 주는가가 중요한 힘이다. 인지적 관점은 주의(attention), 귀인(attribution), 인지 패턴, 인식(perception), 기억과 같은 멘탈 과정에 중점을 둔다. 인지 모델에서는 인간을 정보처리과정을 통해 현실을 창조하는데 적극적인 참여를 하는 존재로 본다.

- **기본개념**

- 정보처리화 결점 - 역기능적 발견법과 시스템적 경향

인간의 인지처리는 창조의 연속체로 특징화시킬 수 있는데, 이러한 패턴처리를 발견법(heuristic)이라한다. 발견법은 자동적이며, 반복적이며, 정보처리의 패턴화된 방법으로 처리된다. 이러한 정보처리 패턴은 반복적으로 사용할수록 더욱 자동적이 된다. 발견법이 적절한 환경에서 정보처리를 하게 되면 어떤 자료에 가치를 선택적으로 배분하고 불필요한 자료는 무시함으로써 정보 처리화되어진다. 그러나 만약 부적절한 환경에서 정보를 처리하게 되면 사고화 과정에서 실수나 왜곡을 하게 되고 자신의 정서와 행동에 부적절하게 영향을 줄 수 있다. 잘못된 사고 패턴의 다른 예들을 <표 1-2>에 열거하였다.

표 1-2 잘못된 사고 패턴

사고패턴	설명
모두 혹은 전혀 아니다는 생각	흑 아니면 백이라는 이분법적 사고. 만약 상황이 완벽보다 못하면, 모두 실패라고 간주한다(예를 들면, 3번 중 한 번 퍼팅 후에 "내 퍼팅은 엉망이야!"라고 말한다)
과대일반화	단순하게, 일시적 혹은 일반적이고 영원한 상태의 일로 보는 경향성, 종종 client는 어떤 상황을 묘사할 때 "늘" 혹은 "결코 아니다"는 단어를 사용할 것이다.("나는 결코 심판에게 특혜를 받지 않을 것이다")
결론으로 뛰어넘기	자료없이 자신의 결론을 지지하기위해 독단적으로 해석되는 상황들. "mind-reading"(나는 그녀가 나를 조금이라도 좋아한다고 생각하지 않는다) 그리고 "fortune-telling"(나는 이것이 엉망이 될 것을 안다)
과장	자신의 문제점과 결점의 중요성을 과장하기("만약 내가 이것을 플레이하지 못한다면, 나의 팀동료들은 나를 증오할 거야!")
최소화	자신의 매력적인 특성을 최소화하기("나는 진짜로 잘하지 못했어-그건 운 좋은 샷이었어"). 또한 공포와 개인적 두려움에 맞서기위해 위험과 손실을 최소화하기("나는 어떤 식으로든 오늘 경기 성적이 나빴던 그 선수를 때리길 원치 않는다-그건 단지 지역경기일 뿐이야")
정서적 추론	자신이 느끼는 방식이 실제로 있다고 추측하기위해("나는 아래에 있다고 느낀다; 나는 이류 선수임에 틀림없어")
꼬리표 붙이기	자신 혹은 타인에 대항해서 비합리적 이름으로 불리는 것 사용하기(실수후에 "나는 실패자야"말하는 것)
개인화	오로지 자신의 관점에서만 사건을 보는 것 그리고 자신만이 사건의 책임을 지녔다고 보는 것("코치는 걸을 때 '안녕'이라고 하지 않았어-나는 그를 화가 났음에 틀림없어")
확인경향	자신의 현재 신념을 지지하는 자료만 받아들이는 것. 자신의 현재 신념을 지지하지 않는 어떤 자료는 무시하거나 잘못된 것이라고 보는 것.

- 내용 결점 - 역기능적 쉐마, 가정, 그리고 비합리적 신념

Beck과 Weishaar[6]에 의하면 인간은 자발적 사고, 자동적 사고, 도식(schema) 이 세가지의 카테고리로 인지적 사고의 내용을 조직한다고 한다. 먼저 자발적 사고는 자동적 사고가 사고의 가장 깊은 차원에서 더 자발적으로 작용하며 접근하기 가장 어려운 반면에, 현재에 있고 의식적이며 변화하기 쉬우

6) Beck, A. & Weishaar, M. (1995). Cognitive therapy. In Current psychotherapies, edited by R. Corsini and D. Wedding. Itasca, IL: R. E. Peacock Publishers.

며 대부분의 내담자가 언어화할 수 있다. 자동적 사고는 자기 쉐마의 결과이다. 이것은 자동적으로 만든 사고의 패턴을 반복하는 사고이다. 예를 들면, 자동적 사고는 어린 선수가 중요한 상황에 직면할 때마다 공포심과 자신감의 부족으로 숨막힐 것 같은 것 행동이 발생하게 되는데, 이것이 자동적 사고의 결과로 발생하게 되는 것이다. 첫 번째 생각이 자동적으로 자신의 머릿속으로 불쑥 들어가서는 실패와 잘못될 것에 대해 떠올리게 된다. 도식은 사고 조직의 골격 혹은 관련틀로 가장 깊은 핵심적 신념이며 우리 사고의 가장 안정적이면서도 변화하기가 어렵다. 인간은 성장하면서 자신만의 도식을 만들게 된다. 쉐마와 자동적 사고는 극도로 복잡한 인지적 구성요소이다. 이것들은 고정되어 있고 좀처럼 변화되지 않는 깊이 자리매김된 인지적 구조이다. 도식과 자동적 사고는 종종 감정을 활발하게 하는 동기로 작용하기도 한다. 인지모델에 의하면, 자신의 기본 도식과 자동적 사고가 불완전할 때, 문제행동과 문제정서가 발생한다. 예를 들어, 한 여자선수의 자기도식이 강한 성숙된 정체성을 지니고 있어 다른 사람들을 돌보는 사람으로 자신을 보고 있다면, 그녀는 개인지향 보다는 과제지향을 요구하는 경쟁적인 상황에 속하는 것을 꺼릴 것이다. 더욱이, 자신의 경쟁자를 "괴롭히는 대상"으로 승리를 생각한다면, 이기는 시합에 대해 갈등을 겪을 것이다.

- 비합리적 신념

Albert Ellis에 의하면 인간은 "반드시 ~해야만 한다"는 "should"와 "must"의 진술로 일그러지는 생각의 핵을 구성한다고 한다.

나는 잘해야 하며 중요한 사람의 승인을 얻어야 하며 그렇지 않으면 나는 부적절하고 가치없는 인간이다.

다른 사람은 모든 조건하에서 늘 나에게 좋게, 공평하게 대해야 하며 그렇지 않으면 썩을 놈의 사람이다.

내가 사는 조건이 편안해야, 안전해야, 이익이 있어야하며 그렇지 않으면 세상은 썩을 곳이며, 나는 바로 설 수 없고 인생은 결코 살아갈 수 없다.

이 세 가지가 대표적인 비합리적 신념이다. Ellis는 이러한 비합리적 신념을 변화시키는 것은 현실을 반영하는 것이며 비합리적 신념을 강하게 공격해서 긍정적인 안목을 계속해서 길러주어야 한다고 했다.

- **합리적 사고**

인지 이론의 기본 가정은 인지적 가소성 즉 이미 형성된 인지 내용일지라도 지속적으로 노력을 기울이면 고쳐질 수 있다는 것이다. 인지 모델에서 사고는 감정과 행동을 결정하기 때문에 합리적인 사고의 변화는 합리적인 감정과 행동으로 이끌 수 있다고 본다.

- **목표와 과정**

인지개입의 목표는 바람직한 행동과 감정을 키우는 사고, 가정, 도식을 인식하고 수정하도록 하는 것이다. 역기능적 사고, 가정, 도식을 수정하는데다가, 인지적 개입이 현실적 사고를 조성하기위해 정보처리과정을 재형성하도록 디자인된다. 초기단계의 목표는 증상을 완화시키는 것이지만, 큰 목표는 뿌리깊은 역기능적 도식의 핵심체제경향을 변화시키는 것이다.

인지 모델에서 상담자와의 관계는 적극적이고 협력적인 관계가 형성되어야 한다. 초기 내담자가 보이는 증상들을 줄이는 목표를 가지고 인지팀을 형성한다. 그리고 구체적으로 실행가의 의존을 인지 처리과정으로 통제하도록 하는 기술을 제공한다. 개입을 학습경험과 치료로 보며 근본적으로 교육과정으로 본다. 첫 회기는 조력관계를 설정하도록 한다. 내담자에게서 얻은 필수 정보를 수집하고 인지모델을 설명하기위해 첫 회기는 몇 가지 증상 완화를 제공하도록 설계한다. 증상완화에서 초기 성공은 client에게 치료에 대한 자신감을 가지고 계속적으로 참여할 수 있도록 하는 동기를 제공해 주는데 중요한 의미를 지닌다. 탐구되어야 할 다른 화제들은 client의 개인적 견해들을 포함한다. 문제를 가진 사고와 감정들을 내담자가 통제하도록 하기위해 내담자가 문제를 언어로 드러내게 한다. 현재 제시되는 문제들을 초기 과정에서 펼쳐 내담자가 문제를 인식하게 한다. 그리고 문제는 상세하고 명확하게 설명되어 지게 한다. 문제의 빈도, 문제를 지속하는 상황, 방해 강도와 지속시기를 기록한다.

치료가 계속되면서, 자동적 사고와 도식의 사고 패턴, 주제에 대해 점진적인 변화가 일어난다. 내담자는 스스로 정보처리과정을 통제하는 것이 가능해 지면서 자신감이 증가하게 되고 상담자의 역할은 점차 감소된다. 그러면 내담자와 상담자는 종결을 결정짓게 된다. 추후 회기는 종결 후 한 달, 두 달 후에 계획된다.

④ 인간중심적 이론

인간주의 모델 심리의 중심은 긍정적인 성장과 발달을 강조하는 긍정심리(positive psychology)이다. 인간주의 모델은 심리의 주요한 관심을 인간 개인의 잠재성의 총체적인 발달에 둔다. 가장 잘 알려진 인간주의적 접근중의 하나는 Carl Rogers의 인간중심적 혹은 내담자 중심적 접근이다. 에 적합한 것이 없다. 대신 인간주의의 원리에 기초하는 많은 변인들은 있다.

- **기본개념**

- 자아실현

자아충족의 높은 목표를 향한 각 개인을 이끄는 힘은 자아실현으로 언급되는데 인간주의 모델에서 중요한 개념이 된다. 자아실현은 인간 발달을 이끌 뿐만 아니라 인간 행동의 중요한 동기원(motivator)을 이끄는 내적 힘이다. Rogers는 자아실현의 예시로 아이들의 걷는 학습을 설명했다. 한 살짜리 아이들이 초기에 걷기를 시도할 때 그것은 무척 고통스럽지만 그들은 완벽하게 걷게 될 때까지 포기하지 않고 해낸다는 것이다. 고통과 패배의 낙담에도 불구하고 아이들이 과제를 포기하지 않는 것은 그 아이에게 과제에 대한 자아실현의 힘이 있다고 보았다.

- 내담자-실행과 관계

내담자와 상담자와의 관계는 종종 치료적 동맹으로 부른다. 모든 모델들이 상담자와 내담자와의 관계를 중요하게 여기지만 특히 인간주의 모델에서는 더 관계를 강조하고 있으며 구체화하고 있다. Rogers의 치료적 동맹의 세 가지 특성들 - 진실성, 무조건적 존중, 공감이 있다.

(a) **진실성**

진실성은 내담자와의 관계에서 상담자가 믿을만하고, 정직하고, 성실해야한다. 상담자는 프로적인 면을 내세우지 않아야 하며 내담자에 대한 감정, 생각, 행동에서 일치성을 지녀야 한다. Rogers는 일치성(congruence) 용어를 사용하여 상담자의 단어, 신체언어, 목소리 질, 얼굴 표현에서 일치성을 보이는 것을 설명하였다(그는 또한 일치성을 “자아의 한 부분이 되기위한 경험의 의식적인 통합”을 언급하기 위해 사용하였다).

(b) **무조건적 존중**

무조건적 존중은 내담자를 한 인간으로서 편안하게 수용하는 태도를 말한다. 로저스는 내담자를 위한 “비조건적 긍정적 간주”로 설명했다. 그런 태도는 내담자-상담자 관계에서 비소유적인 따뜻한 분위기를 조성하며 비위협적이고 안전한 환경을 제공하여 상담관계를 촉진시킬 수 있다. 그러한 관계내의 안전성은 만약 내담자가 자기노출을 통하여 실행가에게 상처받기 쉽게 된다면 필수적이다. 왜냐하면 인간주의 접근은 내담자의 인간 경험에 중점을 두며 그 현상적 경험은 내담자의 의욕를 통하여 개방되고 노출화되어 상담자에게 전달될 수 있다. 내담자는 실행가로부터 무조건적 긍정적 존중이 확신되어야 한다. 내담자가 자신의 내적 세계를 오픈하기위한 “안전한” 환경의 성립은 무조건적 긍정적 존중으로 첫 단계가 되어야 한다. 상담자는 내담자의 자아실현화 노력에 그를 지지함으로써 점진적이 되도록 해야 한다. 이러한 요구들은 상담자가 내담자의 노력에 상을 주고 내적 세계를 나누기위한 내담자의 의욕을 고맙게 생각하는 것을 증명하는 것이다. 상담자는 행동, 단어, 얼굴 표현 그리고 다른 모든 형식의 의사소통을 통하여 증명해야 하며 내담자의 드러나는 실제 자아는 상담자에 의해 가치로워지며 노출된 자아는 소중히 다루어져야 한다.

(c) **공감**

공감은 내담자와의 의사소통의 한 표현이다. 일치성을 통하여, 내담자의 공감적 이해는, 상담자와 의사소통된다. 그것은 “함께 있는 것”이며 내담자의 경험을 나누는 것이다. 공감적 표현은 내담자의 세상을 경험하는 방법이 됨을 증명함으로써 내담자와 라포를 설립한다. 공감은 내담자의 삶의 외적 환경에, 더 중요한, 내담자의 내적 경험에 흥미를 가짐을 증명한다. 상담자는 충분히 기능하는 사람으로 내담자의 경험을 나누기를 시도한다. 공감은 내담자의 정서의 언어적 진술이 될 수 있다. 수용의 얼굴 표현, 미소짓기와 같은 신체 언어는 내담자에 대한 관심을 표현한다. 내담자를 향한 눈맞춤, 고개끄덕임과 편안함, 즐거운 목소리 톤과 같은 의사소통과 수용성을 표현하는 다른 신호들은 상담자와 내담자 사이에 공감을 의사소통한다. 이러한 기술의 설립이 더 중요한 것은 진실과 정직함이 되기 때문이다.

- **목표와 과정**

인간주의 모델의 목표는 삶의 의식적 경험을 통한 충분히 기능하는 사람이 되도록 하는 것이다. 내담자는 인간 존재의 충분한 잠재력을 실현하기 위해 올바르게 추구하는 존재로 보여진다. 내담자는 인간적 잠재력을 실현함으로써, 자기 자신을 유능하고, 가치있고, 창의적인 사람이라는 것을 알게 된다. 내담자는 이상적인 자아(ideal self)와 실존 자아(current self) 사이의 차이를 깨닫고 일치될 수 있도록 해야 한다. 이 일치감은 내담자 자신을 현재의 경험을 통하여 삶을 충분히 살기를 바라는 더 유능하고, 더 보상받을만하고, 더 창의적인 존재로 보게 하는 결과를 낳는다. 또한 자기 삶에 대하여 판단하는데 더 독립적이고 자기 스스로의 삶에 대해서 판단하고, 각별히 하는데 있어 좀 더 독립적이고 자기 관련적이게 될 것이다. 그는 자신의 개인적 통찰에 대해 더 자신감이 있게 되고 삶의 내적 외적 측면의 인식을 확산시키는데 더 자기방향적이 된다. 상담은 이러한 방향으로 내담자의 노력을 지지하고 격려 한다.

- **스포츠에서의 자아실현**

스포츠에서의 선수들의 자아실현은 최고 순간의 의식적인 상태에 접근하는 것을 반영한다.

- **최고 수행**

최고 수행(Peak Performance)은 "그 상황에서 정상적으로 예상되어지는 것을 초월하는 어떤 활동에서의 행동"으로 보았다. 최고 수행의 특성은 그 과제에만 초점을 두며, 그 과제에 본능적인 관심을 갖고 있거나 성공에의 열정이 강하며, 집중력이 최고상태이며, 자신이 흡수된다는 느낌을 가지며, 자발적이고 보다 높은 수행으로 이어진다는 것이다. 최고수행은 주어진 상황에 선수의 개인적 최고 수행 가운데의 행동을 표현한다. 선수의 절대적 최고 수행에 한계를 짓는 것이 아니라 주어진 맥락내에서 더 높은 수행을 묘사한다. 어떤 선수는 국제 경쟁에서 최고의 수행을 그리고 최고수행으로 국가간 경쟁에서 최고의 수행을 이루었다. 비슷하게 경기의 최고 수행 경험을 가졌던 어떤 골퍼는 스트로크에서 최고 수행을 보였다. 결과적으로, 선수는 다른 맥락에서 최고 수행 경험을 가질 수 있을 뿐만 아니라 각 맥락에서의 연속된 최고 수행은 새로운 개인적 최고를 설정한다.

- **절정 경험**

절정 경험(Peak Experience)은 "예전에 경험한 가장 흥분되었고, 값졌고, 충족된 경험들 중의 하나로 깨닫는 주관적 경험"이다. 절정 경험의 기술자들은 개인통합, 성숙 그리고 개인 정체감의 확장 결과를 낳게 되는 고도의 인식, 탁월함, 즐거움을 포함한다. 선수에게 절정경험은 적정 수행에 의해 얻어진다. 스포츠에서 절정경험은 기술수준이 높아짐으로써 좀 더 빈번하게 되고 우수 선수들은 초보선수 보다 절정경험을 더 많이 갖는다.

- Flow

Flow는 Csikszentmihalyi에 의해 몰입을 묘사하기 위해 인용된 생각이고,

기쁨은 임무와 연관된 본질적인 보상이다. 몰입은 완전히 열중하게 되는 의식의 상태이다. 몰입의 느낌은 몸과 마음이 함께 일해서 힘들지 않는 조화로운 경험이다. 스포츠에서의 절정경험 특성은 운동 상황에 대한 도전 인식, 기술 또는 자원 사이의 균형, 활동과 인식의 통합, 명확한 목표, 명확한 피드백, 즉각적인 과제에 대한 집중, 조절 감각, 자의식의 상실, 시간의 전이, 자기 목적적인 경험이다.

2) 카운셀링의 현장 적용

(1) 시작을 어떻게 할 것인가?

① 접수면접

수행에서 어려움을 겪는 선수와 그 가족 및 지도자들은 선수가 갖고 있는 문제점들을 해결하여 더 나은 수행을 하기를 기대하게 되는 데, 이 과정에서 이들은 전문가의 도움을 필요로 하게 된다. 주변인으로부터의 소개나 TV, 인터넷, 신문 등의 언론매체에 등장한 스포츠 상담사를 찾아 방문을 하기도 하고, 전화상담이나 면접상담을 하다가 상담으로 연결될 수도 있다. 상담에 앞서 선수들은 면담을 하게 되는데 상담장면에서 선수를 처음 만나 선수의 어려움을 듣게 되는 상황을 접수면접(intake interview)이라고 한다. 접수면접은 상담신청과 정식상담의 다리 역할을 하는 절차로써[7] 선수가 호소하는 문제점에 대한 정확한 이해와 가장 효과적인 처치 계획을 설정하기 위한 절차라는[8] 점에서 아주 중요한 의미를 지닌다. 접수면접을 하는 이를 접수면접자(intaker or intake interviewer, intake counselor)라고 하는데 상담자가 직접할 수도 있고 타인이 할 수도 있다. 큰 기관의 경우는 상담을 요청하는 사례가 많으므로 접수면접과 상담과정을 분리하여 접수면접자가 타인이

7) 김계현(1990). 대학상담소에서의 접수면접. 한양대학교 학생생활연구소, 8(1). 21-36.
8) Taylor, J., & Schneider, B. A. (1992). The sport-clinical intake protocol: A comprehensive interviewing instrument for applied sport psychology.

되는 경우가 있다.[9] 하지만 굳이 접수면접자를 따로 두어야 하는 상황이 아니라면 접수면접이 바로 상담으로 이어지는 경우가 많기 때문에 상담자가 직접 접수면접을 하는 것이 선수의 입장에서 더 효과적일 수 있다. 선수의 입장에서는 접수면접자와 상담자가 다르게 되면 접수면접 때 했던 이야기를 반복해서 해야 할 수도 있고 라포형성에 또 다시 어려움을 겪어야 할 수도 있기 때문이다.

② 접수면접 지침서 활용

내담자에 대한 정확한 정보를 파악하고 적합한 상담자를 배치하고 효과적인 처치 계획을 세울 수 있도록 대부분의 상담기관에서는 그 기관의 성격에 맞는 접수면접 프로토콜(intake protocol)을 사용한다.[10] Taylor와 Schneider[8]는 선수의 이해와 치료계획을 세우기 위한 유용한 정보수집 방법으로 SCIP(Sport-Clinical Intake Protocol)을 개발하였다. 이 접수면접 지침서는 본격적인 상담 진행에 앞서 제시되는 문제, 선수 역사, 가족과 사회적 지지, 건강상태, 중요한 생애 사건, 문제 발생 전의 변화들, 문제의 상세화 등 7가지 측면에서 정보를 파악하도록 되어 있다. 다른 임상 상담기관에서도 기본정보, 호소문제, 현재 수행에 관한 정도(예, 급격한 성적의 하락), 스트레스 원, 사회·심리적 자원, 개인사 및 가족관계, 외모와 행동 등에 관해서 정보를 파악할 수 있도록 접수면접 지침서를 사용하고 있다.[7]

③ 무엇을 다룰 것인가?

스포츠 상담에서는 선수들의 호소문제에 주관심을 두어야 한다. 선수들이 가장 관심을 두는 것은 자신의 수행에 대한 어려움이다. 수행이 잘 되지 않는 이유가 무엇인지 탐색하는 것이 중요하다. 초기 상담에서 선수들은 여러 가지 문제를 한꺼번에 호소해 올 수 있다. 우선은 가장 시급하게 다루어야 할 문제를 한 두 개

9) Levy, J. J., Thompson-Leonardelli, K., Smith, N. G., & Coleman, M. N. (2005). Attrition after intake at a university counseling center: Relationship among client race, problem type, and time on a waiting list. Journal of College Counseling, 8(2), 107-117.

10) Brems, C., Johnson, M., & Namyniuk, L. L. (2002). Clients with substance abuse and mental health concerns: A guide for conducting intake interviews. The Journal of Behavioral Health Services & Research, 29(3), 327-334.

정하도록 하자. 정한 문제를 다루기에 얼마 만큼의 시간이 필요한지에 대해서도 서로 상의해야 한다. 목표를 무엇으로 할 것인지, 얼마동안 할 것인지, 언제 만날 것인지 등 상담을 구조화하는 것이 주어진 시간에 문제를 보다 효율적으로 다룰 수 있을 것이다.

4. 운동손상과 재활

1) 운동손상 평가와 재활에 관한 지식

(1) 운동손상 및 재활의 개념

운동손상은 스포츠 경기 중 다른 선수와의 충돌, 경기장의 다른 구조물과의 충돌, 신체분절의 방향성 이탈 및 강한 근수축과 같은 물리적 자극에 의해 주로 발생된다. 이와 관련하여, 신체가 물체에 부딪칠 경우 충격 받는 지점에 손상을 일으키는 직접손상(direct)이라 하고 외부의 충격지점으로 부터 먼 신체부분에 손상을 일으키는 간접손상(indirect), 신체의 한 부분은 고정되어 있는 상태에서 다른 신체부분이 비틀어지는 손상(twisting)과 갑작스런 강한 수축(contracting)에 의한 자극에 손상 등으로 나누어진다.

이와 함께, 운동선수 및 일반 스포츠 동호인들에게 가장 많이 발생하는 운동손상은 과사용손상(overuse injury)이다. 과사용에 의한 손상은 근골격계 구조물 및 연부조직의 미세손상을 가져오며, 추가적인 근골격계의 구조적인 물리적 손상을 가져와 운동능력의 상실과 근골격계의 통증을 가져오게 한다.

과사용에 의한 운동손상은 근골격계 구조물의 기능적 부전을 가져오게 되며 이런 상태에서의 계속적인 운동참여는 더 큰 운동손상을 일으킬 것이다. 예를 들어, 관절의 미세손상과 함께 관절을 구성하는 근육군의 근력, 인대의 신장력 및 관절가동범위 등의 기능적 부전은 결과적으로 관절조직의 더 큰 손상을 가져오게 되는 것이다. 이와 같은 이유로 운동선수들에게 나타나는 운동손상(movement impairment)을 스포츠상해(sports injury)라 하며, 스포츠상해 발생시 근골격계의 기능성 장애와 근골격계 통증을 수반하게 된다.

그림 1-1 **물리적 손상의 원인**(모든 상해의 76% 해당)[11]

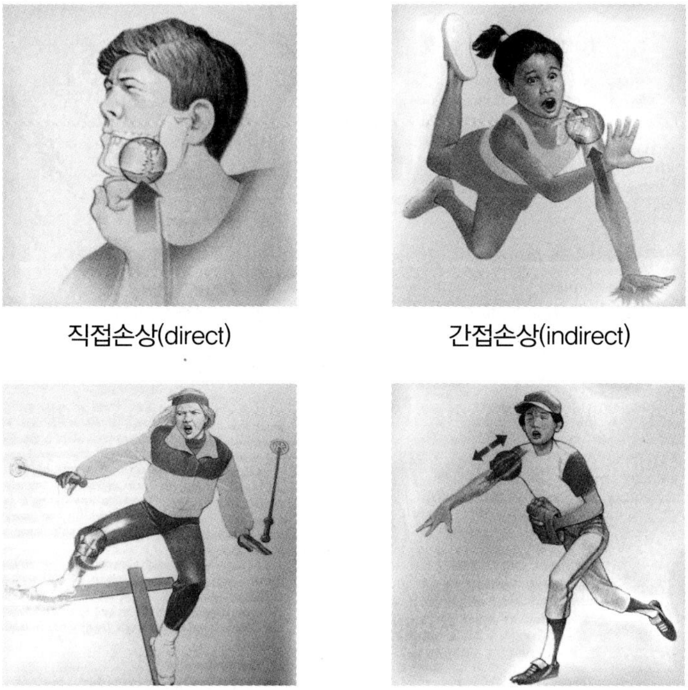

직접손상(direct) 간접손상(indirect)

비틀림 손상(twisting) 강한 수축(contracting)

과사용에 의한 손상과 관련하여 확인할 점은 적절한 운동의 스트레스는 실질적인 조직강화에 도움이 되지만, 신체가 견딜 수 있는 스트레스의 상한선을 넘는 경우 운동손상이 발생하게 된다. 스포츠 활동에서의 과도한 스트레스를 주는 반복적인 움직임은 조직손상(tissue damage)을 유발하게 되고 이러한 연부조직의 손상은 통증의 발생과 함께 손상된 부위를 보호하기 위한 기능상실이 나타나 신체의 사용이 제한된다. 또한, 관절의 손상은 통증과 보호라는 측면에서 특정적인 방향으

11) American Red Cross. (1995). American Red Cross first and responding to emergencies. San Bruno, CA: Staywell.

로 운동이 증가하게 되고 이에 관절에 증가된 부하는 또 다른 관절부위의 2차적 과사용 운동손상이 발생하게 된다. 이처럼, 운동손상의 가장 일반적인 증상은 국소적인 근골격 통증(muscloskeletal pain; MSP)과 환부 보호를 위한 기능상실(loss of function)이다.

또한, 미세손상(microtrauma)은 일반적으로 반복사용 또는 부상에 견딜 수 있는 조직의 내성을 초과하는 스트레스의 원인인 과도한 하중에 기인하여 발생한다. 즉, 과도한 하중의 단 한 번의 동작 수행에도 발생할 수도 있고, 반복적인 사용에 의해서도 발생할 수 있다는 점을 알아야 할 것이다.

운동손상 후 재활의 목적은 가능한 한 짧은 시간 안에 기능이 회복되도록 하는데 초점을 맞추어 실시하는 것이다. 이에 재활은 상해부위의 치료와 동시에 시작하는 것을 권장한다.

이를 위해 선수의 재활에 필요한 도구, 손상된 부위의 구조와 기능, 부상의 성질을 이해하고 치료방법을 결정하는데 도움을 주어야 하며, 의학적 치료와 함께 개별화된 재활운동프로그램을 실시하여야 한다.

재활프로그램은 재활단계별 운동수행여부 및 기능평가와 통증정도를 확인하여야 하며, 근기능의 회복과 관절가동범위 회복에 중점을 두어야 한다.

이후, 통증이 감소하고 관절가동범위가 회복되면 저항운동을 통해 근기능 회복 및 증진을 위한 재활프로그램이 적용되어야 한다. 저항운동의 경우, 관절가동범위 내에서 점진적인 저항을 조절해 주는 것이 중요하며, 저강도에서 반복횟수의 증가와 속도가 높은 운동을 실시해야 빠른 재활효과를 나타낼 수 있다.

근기능이 향상되면, 경기관련 체력 향상 프로그램을 실시하고 이후 운동종목별 기능과 관련을 기술을 초점을 맞추어 프로그램을 진행시킨다.

재활프로그램 적용 후 종료는 운동손상 부위가 손상을 입지 않은 반대쪽과 비교해서 정상적인 근력, 관절가동범위를 회복하고 순발력 및 민첩성 운동이 가능하여야 하며, 특히 최대강도 운동시에도 통증이 발생되지 않아야 한다. 심리적인 측면에서도 경기장에 복귀하는데 있어서 경기 복귀의 강한 의욕이 가능하도록 하여야 하며, 부상의 재발과 통증에 대한 염려가 없어야 한다.

(2) 운동손상 시 급성염증의 발생

운동 시 발생되는 조직손상은 외력에 의한 근골격계 구조물의 외상(trauma)에 의해 발생된다. 이때 우리의 생체는 손상된 부위를 국소화하고 정상상태로 돌리려는 비특이적 면역반응이 일어난다. 이러한 반응을 염증(inflammation)반응이라 하며, 일반적인 증상과 징후는 감염과 비슷하다.

그림 1-2 급성염증-세포반응과 혈관반응[12)]

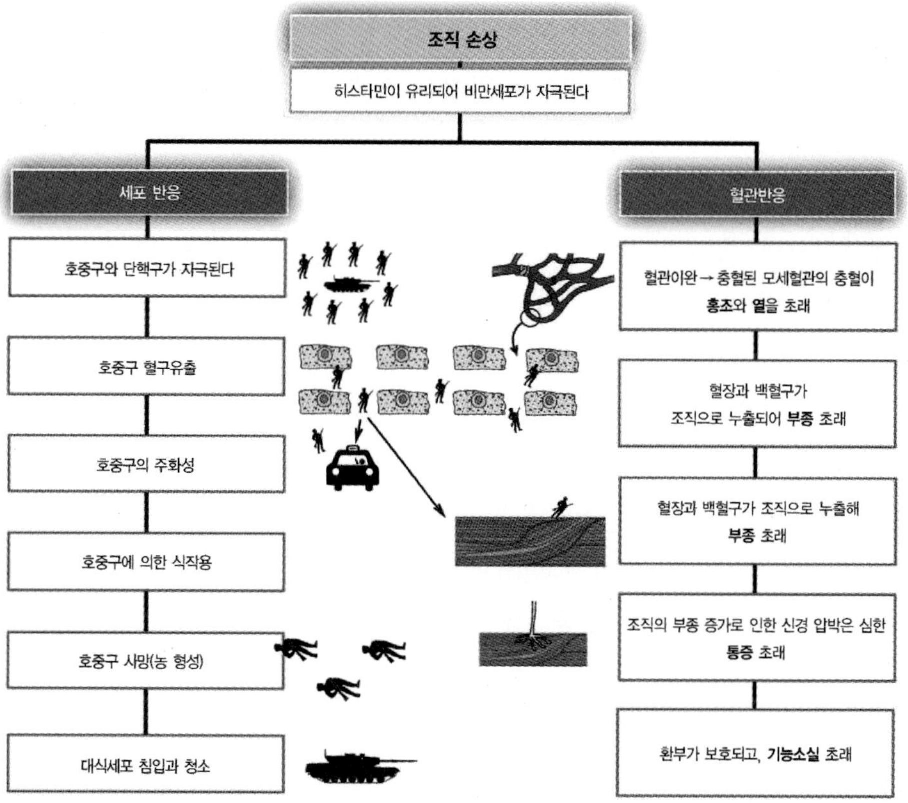

12) Marianne Neighbors, Ruth Tannehill-Jones. Human Disease. (2nd Eds.). New York: Delmar, 2006(감경윤 외 19인 공역, 알기쉬운 병리학, 서울: 메디컬코리아, 2007).

염증반응은 신체조직에 침투한 침입자를 고립, 제거, 복구재생하는 과정으로서 침입이 발생된 후 수초이내 이루어진다. 염증과정에 의한 재생(repair)이 어려워지면, 더욱 강한 면역반응인 특이적 면역반응으로 넘어간다. 염증과정은 혈액내 백혈구를 동원한 혈관반응을 통해 이루어지며 혈액공급이 없는 조직에서는 염증과정이 이루어지지 않는다.

염증반응을 구체적으로 살펴보면, 운동손상에 의한 조직의 손상 직후에는 세동맥의 일시적인 수축현상이 나타난다. 이후, 일반적으로 조직구라 칭하는 비만세포, 대식세포, 과립구 등에서 유리된 혈관활성물질인 히스타민(histamine) 등이 유리되기 시작한다. 염증반응시 혈관활성물질을 유리하는 비만세포, 대식세포, 과립구 등은 운동손상에 의해 혈관의 손상이 일어난 후에도 무산소 조건하에서 생존이 가능하기 때문에 산소가 부족한 지역에서 활동하기가 적합하다.

혈관활성물질의 유리는 혈관확장을 가져와 혈류량을 증가시키며, 충혈(hyperemia) 현상을 나타낸다. 이에 따라 운동손상이 일어나 염증반응이 일어나는 부위는 홍조(redness)와 열(heat)이 발생하게 된다. 증가된 혈류량은 호중구를 혈관내피세포 쪽으로 배열시키며, 증가된 혈류량에 의해 혈관내피세포가 신장될 때 상대적으로 혈관이 느슨해져 혈관의 투과성이 증가하게 된다. 이때 삼출액의 형태로 체액이 빠져나와 손상조직으로 흘러들어가게 된다. 이러한 현상에 의해 국소부종(swelling)이 나타나며 국소부종은 염증과정 중에 나타남을 알아야 한다.

이때 발생한 국소부종은 자유신경종말을 누르는 기계적 압박을 가함으로써 통증(pain)이 증가하게 되며 손상된 부위를 보호하는 개체는 기능상실(loss of function)이라는 형태로 조직을 보호하려고 한다. 이처럼, 운동손상시 나타나는 조직의 급성징후인 발적, 발열, 부종, 통증, 기능상실은 급성염증과정에서 나타나는 현상으로 조직을 치유하는 일련의 과정으로 이해하여야 한다.

이후, 혈관의 투과성에 의해 체액에서 빠져나온 삼출액 속에 포함되어 있던 백혈구(호중구, 대식구)는 화학주성에 의해 손상된 조직내 침투를 원활하게 하여 염증과정에 진행되는 병소로 이동하게 된다. 병소에 도착한 호중구와 대식구는 탐식소체를 형성하여 조직내 리소좀과 결합하여 소화, 파괴되는 탐식작용이 이루어지게 되면서 조직손상을 치유하는 과정이 진행되고, 이때 탐식작용에 의해 다량의 죽은 호중구들은 삼출액과 섞여 부분적으로 농이라는 하얀 액체를 만들게 된다.

(3) 조직 재생과 치유

조직의 재생과 치유는 호중구와 대식세포가 염증부위를 제거하면서 치유과정을 돕는 성장인자가 생성되는 과정으로 이루어진다.

재생의 기본적인 방법은 유사 분열 및 제한적 유사분열이 가능한 세포의 경우에는 재생에 의한 치유가 일어나며, 분열이 불가능한 조직의 경우에는 섬유성 결합조직인 반흔을 형성함으로서 재생의 과정을 거치게 된다. 반흔(scar)은 정상조직과 상처사에 가교를 제공하지만 조직의 원래 기능회복은 불가능하다.

조직치유는 조직의 손상정도에 따라 일차 및 이차 융합으로 나누어진다. 하지만, 이차융합과정 역시 그 과정은 일차융합과정과 동일하며, 손상된 부위의 가장자리가 당겨지지 않을 때 이차융합과정이 일어난다.

조직이 손상된 절개선은 혈장에 의해 가피가 형성되며 채워지며, 그 후 수일 내 새로운 모세혈관이 상처가장자리 사이 틈에 가교를 형성하게 된다. 이후 섬유모세포가 콜라겐을 축적함으로 육아조직이 생기는데 육아조직은 축적된 콜라겐이 수축하여 당기는 현상에 의해 반흔을 형성하는 것을 말한다. 이차융합의 경우, 손상된 부위를 채우기 위해 더 많은 모세혈관과 콜라겐, 섬유모세포가 필요하다.

(4) 운동손상 관련 통증의 이해

운동손상 시 인체의 통증은 기계적 변형(압박)에 의한 직접적 통증과 운동손상 부위에서 분비되는 화학물질에 의한 통증으로 크게 나눌 수 있다. 이러한 운동손상시 증상이 나타나는 구조들은 근막(myofascia), 관절(articular), 관절주위구조물, 신경학적인 것들이 있다.

먼저, 기계적 변형(압박)은 포착, 유착, 충돌과 같은 기계적 자극이 근막조직, 신경 또는 신경근을 물리적으로 누름으로서 통증수용기(pain receptor)에서 통증을 감지하게 된다. 염증과정에서는 기계적 자극에 의한 통증으로 직접적인 삼출액이 신경을 누르는 경우와 부종에 의한 압력이 피부 및 장기에 동통의 말초수용기에 존재하는 자유신경종말(free ending nerve)이 통증을 감지하는 경우도 있다.

또한, 외상에 의한 모세혈관 손상에 의해 혈액공급의 방해로 허혈과 이로 인한 저산소증은 세포의 산소결핍을 가져와 통증을 가져온다. 산소와 영양소는 세포의 생존에 필수적인 요소로서 산소와 영양분의 부족현상은 통증을 악화시킨다.

화학적 자극에 의한 통증은 염증반응시 나타나는 혈관활성물질(히스타민, 세로토닌 등)에 의해 신경종말에서 화학적 통증으로 수용하여 통증이 증가하게 된다. 추후 통증의 조절에 있어서 혈관활성물질의 형성을 막는 진통제가 사용된다. 혈관활성물질 중 아리키돈산의 형성을 막는 코르티코이드와 프로스타글란딘을 차단하는 NSAIDs가 있다. 경우에 따라, 통증의 전도와 관련해서 진통제의 사용은 신경활동전위에 영향을 미치는 나트륨 채널을 불활성화하여 활동전위를 억제하여 통증을 상쇄시키는 경우도 있다.

(5) 운동손상과 관절운동범위 제한

운동손상에서 자주 발생하는 관절의 상해는 관절가동범위의 제한을 가져오게 되며, 관절가동범위의 제한은 운동기능의 상실과 추가적인 운동손상의 원인으로 작용한다. 관절가동범위의 제한은 주로 관절의 손상에 의하며, 피부 및 근육에 영향을 받기도 한다.

일반적으로 관절의 가동범위를 제한하는 요소들은 먼저 피부의 표재근막의 경직과 외상에 의해 발생된 반흔조직에 의한 경직이 있다. 이러한 경우, 보존적 치료 방법인 핫팩, 파라핀 욕, 마사지 등으로 경직의 예방 및 치료가 가능하다.

근의 허약과 무력은 수술, 외상 또는 장기간의 운동 제한 등에 의해 생긴 근력의 약화를 의미하며, 근육과 관련하여 움직이는 부위에 가해지는 저항을 이겨낼 수 없을 만큼 근력이 충분하지 못한 경우에 능동운동범위를 제한하게 된다. 경우에 따라, 일상적인 근육의 적응도를 초과하는 운동 후에 급성증상으로 근육통과 더불어 근육의 강직에 의한 유연성의 소실을 특징으로 하는 경우도 종종 발생한다. 주기적인 저항성 근력강화운동에 의한 근력의 강화는 능동운동범위 향상에 도움이 된다.

근의 경직은 정서적인 요인 또는 물리적인 요인에서 기인하는 과다하고 지속적이며 불수의적인 근육의 수축에 의해 통증이 나타나는 상태를 말하며, 정서적으로 긴장된 상태에서는 교감신경계의 흥분도가 증가되어 근방추가 충분히 이완되지 않기 때문에 주동근과 길항근의 불수의적인 수축이 동시에 일어나게 된다. 따라서 휴식상태에서도 근육의 긴장도가 계속 높은 상태에 있게 되며, 피로현상 또는 피로물질의 축적에 의해 통증이 동반되며 이차적인 기능장애가 합병되게 되는 것으로 관절운동의 발생을 허용할 수 없게 만든다.

근 경련 역시 격심한 통증을 동반하는 근육의 급성 장애의 일종으로 약화된 근육의 과다한 신장, 외상에 대한 보호성 근긴장 또는 근육의 급격한 과다사용 등에 의해 나타나는 지속적이고 불수의적인 근육의 수축을 말하며, 능동운동 또는 수동운동을 제한하거나 막는다. 치료는 근육의 압박과 수동적인 스트레칭의 적용이 권장된다.

유착의 형성은 장액 섬유성 참출물이 관절부위 또는 관절 자체에 참출하는 결과로 일어난다. 관절 구조가 이 참출물의 속에 잠기고 그것이 빨리 제거되지 않아서 참출물의 섬유성 성분이 인대와 건의 교원질섬유를 교착시키고 만다. 섬유성 아교는 유착을 구성하나 이것은 우선 비교적 연하여 파괴하기 쉬우나 후에 유착이 경화한 뒤에는 구축과 반흔모양을 만든다. 예를 들어, 견관절은 너무 오랫동안 관절을 같은 위치에 방치하여 놓으면 유착이 형성되어 운동이 상당히 제한될 수 있다.

장액섬유성 삼출물이 조절하고 제거를 촉진시키는 방법으로 냉습포 또는 흡열성 로션을 바르고 화학요법과 안정 등은 삼출의 원인을 제거하거나 환부의 순환을 억제함으로써 급성 삼출을 최대한 막을 수 있다.

환부의 관절을 잠시 쉬게 하고 그 이상의 삼출을 막을 필요가 있다하더라도 유착이 시작되기 전에 삼출 또는 부종을 제거 하는데 신경을 써야 한다. 환부의 거상, 관절과 근육의 율동적인 능동운동은 혈행을 촉진하고 손상이 주어진 관절의 주위를 통하는 건의 자유로운 운동을 보조한다. 교대욕, 맛사지, 습열과 같은 순환을 개선하는 방법도 사용해도 좋다.

관절낭내 섬유연골의 변위 또는 손상, 관절내 이물이 존재할 경우, 능동운동과 수동운동 어느 것에도 제한되며, 각각 심한 통증이 동반되고 그 결과 관절은 근의 경련에 의해 고정되어진다.

연골 또는 골의 파괴에 의해 기인된 통증은 능동운동 및 수동운동 모두 또는 하나를 제한하고 관절면은 활성이 나쁘게 된다. 골성 또는 섬유성의 강직도 운동을 제한한다. 손상된 관절의 주의를 요하는 능동운동은 될 수 있는 대로 일찍 시작하고 급속히 운동량을 더 하여야 한다. 이 운동은 움직이는 근의 힘을 유지하고 건의 자유성을 확보하는데 도움을 준다.

2) 운동손상 평가

(1) 운동손상 평가 절차

운동손상과 관련된 운동선수의 상해 병력(history)을 먼저 파악해야한다. 병력평가는 향후 운동손상의 진단(diagnosis)에 있어 매우 중요하며 병력기록 양식(history form)을 이용하면 종합적인 병력을 평가하는데 많은 도움이 된다. 과거 운동상해, 과거의 질병 또는 의학적 문제, 약물에 대한 과민반응, 선행요인(나이, 성별, 환경, 생활양식, 유전), 면역기록과 병력 등의 의학적 병력을 먼저 평가한다.

또한, 스포츠현장에서 발생된 운동손상에 대한 신속한 치료와 재활을 위해 과거에 진행된 신체검사와 운동능력평가 실시여부, 근관절기능검사와 근기능검사, 관절가동범위 등의 검사 결과를 종합적으로 검토하여 현재에 발생된 운동손상 평가의 기본 자료로 이용하여야 한다.

운동손상 부위에 나타나는 신체적 징후(signs)와 증상(symptom)을 파악한다. 이러한 증상과 징후에는 통증, 발열, 부종, 기형, 피부변색, 무력, 감각상실 등이 있으며, 진단검사법 이전에 근골격계 운동손상에 따른 정확한 평가를 위해 중요하다. 평가과정에서 촉진(palpation), 타진(percussion) 등의 기술을 사용할 수 있으며, 통증의 경우 관절운동에서의 통증발생 여부도 확인하여야 한다.

그림 1-3 발목 내번(inversion)과 외번(eversion) & 손목 굴곡과 신전 정상 관절가동범위[13)]

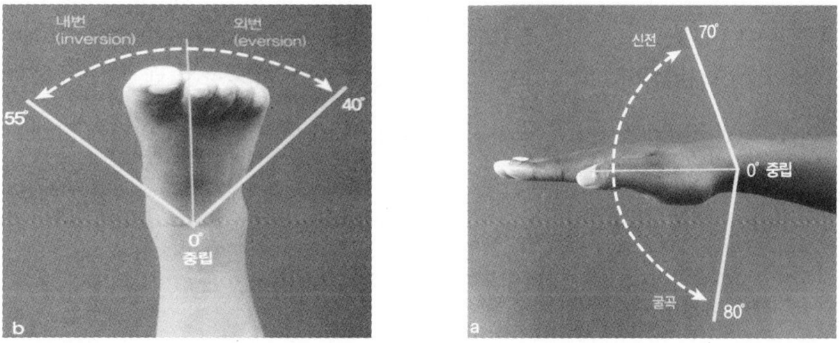

다음은 관절가동범위(ROM, range of motion)를 평가한다. 일반적으로 관절 구성요소의 손상이나 질병은 관절운동범위에 영향을 주고 정상적인 운동범위를 제한하게 된다.

능동적, 수동적 관절범위의 평가는 관절 구성요소의 손상 및 평가에 매우 중요하며 관절가동범위의 평가는 향후 재활과정에서 사전검사 자료로도 활용 가능하다. 특히, 수동적 관절가동범위검사에서는 운동범위 끝점의 특성과 소리발생여부에 집중해야 한다. 운동범위 끝점의 특성은 정상범위 뿐 아니라 더 이상의 움직임을 막는 구조에 대한 정보를 알려준다. 탄력적인 경우 관절낭성 조절, 딱딱함은 뼈나 인대성 조절 또는 부드러움 결체조직의 조절을 나타내는 것으로 움직임의 끝 점의 검사가 진행되어야 한다.

부상부위의 저항성 근기능(근수축력) 검사가 이루어져 한다. 저항성 근기능 검사는 검사자에 의해 등척성 수축검사로 진행되어야 하며, 관절의 움직임이 일어나지 않도록 중립위를 유지시켜야 한다. 저항운동검사는 관절 구성요소 중 수축성 구조의 손상을 알 수 있는데, 근복부(muscle belly), 근-건 접합부(musculotendinous junction), 건의 몸체(tendon body), 근육의 정지부(insertion) 중 어느 한 부분에 병변이 존재하면 동통이 발생하고 경우에 따라서는 근수축의 약화를 동반한 동통이

13) David H. Perrin. (2005). Athletic taping and bracing. (2nd Eds.). Champaign, IL: Human Kinetics, 2005(임승길 외 4인 공역, 운동선수 테이핑과 보조기, 서울: 대한미디어, 2007).

발생될 것이다. 동통이 발생하지 않는 근수축력의 감소는 일반적으로 파열이나 근육을 활성화하는 신경계의 문제에 기인한 것으로 볼 수 있다.

관절 및 인대의 안정성 검사 평가를 위한 특수한 검사(special test)를 적용한다. 관절에서 운동이 쉽게 발생하는 방향의 선정과 기능부전에 대한 검사를 통해 특정 관절의 안정성을 평가하도록 한다. 또한, 반대쪽의 정상적인 관절의 움직임과 통증을 비교하여 안정성을 점검한다.

(2) 운동손상의 일반적 증상과 징후의 이해

운동손상 시 일반적 증상과 징후는 운동손상의 평가를 정도를 이해하는데 도움을 줄 수 있다. 먼저 운동손상 시 나타나는 일반적 증상과 징후로서 통증(pain), 부종(swelling), 기형(deformity), 피부변색(discoloration of skin), 무력(inability), 감각상실(loss of sensation), 조직협착 등으로 나타난다.

통증과 부종, 피부변색은 운동손상의 의미있는 단서로 작용하며, 운동손상에 따른 염증(inflammation) 소견으로 볼 수 있다. 손상부위의 자극이 신경말단에 통증을 일으키고 운동손상이 발생하였다는 신체의 신호를 생각하여야 하며, 손상 받은 부위는 움직일 때 동통이 유발된다.

부종은 일반적으로 손상된 부위의 혈관과 조직이 손상 받아서 출혈이 생기는 경우이다. 경우에 따라, 출혈은 조직 주위의 피부를 붉은색으로 변색시키며, 출혈이 되면 피부 표면에 스며들어 그 부위가 멍들게 보인다. 이와 같은 경우를 혈종(hematoma)이라 한다.

기형은 근골격계 운동손상의 의미 있는 증상으로 비정상적인 덩어리 돌출, 함몰이나 관절의 위치 변화, 관절의 움직임 이상 등이 기형의 증상이다. 분명한 기형은 골절이나 탈구의 증상을 나타내며 손상된 부위와 비손상 부위를 비교하여 살펴보면 기형을 찾아내기 쉽다.

손상 받은 부위를 움직일 수 없거나 단순히 움직이는데도 너무 통증이 심한 경우, 큰 손상을 의미하는 것이다. 손상된 부위를 방어하기 위한 신체의 기전으로 통증이 있는 부위는 기능상실과 무력이라는 형태로 손상된 부위가 사용되는 것을 방해한다. 또한, 손상 받은 부위의 근육은 손상부위를 보호하고 수축하려고 하는 보호성 근수축이 일어난다. 보호성 근수축은 손상부위의 통증을 감소시키고 이차적 손상을 예방해줄 수 있으나, 추후 이차적 통증의 원인이 되기도 한다. 통증과 관련된 부위의 감각손실은 운동손상의 심각한 징후 일 수 있고, 근골 부위의 손상을 의미할 수도 있다.

조직협착은 만성 과사용 스트레스에 의한 염증치유 과정 중에 생기는 증상으로 조직의 협착은 각 조직 상호간의 운동에 영향을 미치며, 특히 많이 손상된 상황에서 조직에 필요한 혈액(산소)의 양을 제한하게 된다. 이에 발생하는 저산소증은 조직이 표면적으로 치료된 후에도 통증을 느끼게 한다. 조직협착은 미세외상과 염증반응을 일으키는 반복적인 스트레스로부터 발생하거나 일정기간의 고정으로 인한 유착 형성이 원인이 될 수 있다.

(3) 운동손상 시 응급처치의 이해

스포츠현상에서 발생하는 운동손상에 대처할 수 있는 적절한 교육을 받는 것은 매우 중요하다. 심폐계의 응급상황에 대비하여 제세동기를 이용한 심폐소생술 및 쇼크처치와 물리적 타박에 의한 머리와 목의 부상, 내장기관의 손상에도 대비하여야 한다.

이와 더불어, 외상에 의한 표재성 출혈과 근골격계의 골절, 탈구, 염좌, 연조직 상해에 대한 처치에도 신중을 기하여야 할 것이다.

근골격계의 운동손상에 대한 응급처치는 치유가 빠르고 경기복귀가 원활히 이루어지게 하기위해 RICE처치를 사용한다. 먼저 휴식(rest)은 운동손상시 운동손상의 진행과 통증 및 염증의 악화를 예방할 수 있다. 움직임이나 활동을 제한하고, 환자가 가장 편안한 자세에서 휴식을 취할 수 있도록 한다. 만약 머리나 척추손상이 의심되면, 편평한 바닥에 눕히고 움직이지 않도록 한다.

냉(ice)의 적용은 폐쇄골절, 탈구, 염좌 혹은 좌상이 의심될 때 얼음이나 콜드팩(cold pack)을 사용한다.

냉의 적용은 상해를 입은 조직의 대사를 감소시키기 손상된 조직에서의 산소의 양이 제한되어 있을 때 같은 시간에 필요한 산소 필요량을 감소시킬 수 있다.

즉 상해의 범위를 제한시키고 혈종(hematoma)의 크기를 조절하기도 하며, 부종과 경련으로 인한 고통도 감소시킨다. 대신 피부손상을 예방하기 위해 얼음과 피부사이에 거즈나 천을 대어 준다. 상해 후 24시간 동안 적용하며, 한번에 30분이 넘지 않도록 한다. 경우에 따라, 조직의 유착을 방지하기 위해 냉적용을 하는 손상부위에 정적인 스트레칭(stretching)을 적용시키기도 한다.

압박(compression)은 조직사이로 혈장단백질이 누출되어 일어난 종창이나 내출혈을 억제하기 위해 부상부위에 적절한 압박을 주는 것이 효과적이다. 외상성 운동손상시 일어난 부위에 지혈의 효과가 가진다.

환부상승(elevation)은 내출혈을 경감시키고, 림프액과 정맥의 환류촉진에 의해 종창을 억제시킨다. 가능하다면 심장부위보다 높게 유지하고 대신 골절이나 탈골이 의심되면 부목으로 고정하지 않는 한 환부를 상승시키지 않는다.

고정(immobilization)은 근골격계 손상이 심각할 때, 반드시 손상부위를 움직이지 못하게 하는 것이다. 이는 고통경감, 연부조직 손상의 진행을 막고, 심각한 출혈의 위험을 줄이며, 손상부위로 혈류 감소의 가능성을 줄일 수 있다. 폐쇄골절의 경우, 개방골절이 되지 않게 방지할 수 있다. 손상부위를 움직이지 못하게 유지하기 위해 부목(splint), 삼각건(sling), 붕대(bandage)를 적용하여 손상부위를 고정할 수 있다.

(4) 운동손상의 진단검사

방사선 검사는 뼈와 관절의 장애를 진단할 수 있는 1차적인 검사기구로 이용된다. CT(Computerized axial Tomography)와 MRI(Magnetic Resonance Imaging)는 보다 세부적인 검사를 할 수 있다.

CT는 환자를 관처럼 생긴 장치내에서 촬영하는 변형된 X-ray 촬영법으로 여러장의 정밀한 X-ray 사진들을 분석하여 결과를 알 수 있고, 이러한 사진들은 인체의 단면을 나타나기 때문에 '단층영상'이라 한다.

MRI는 검사를 위한 또 다른 정교화된 X-ray 유형의 검사법이고 전기장 이미지를 만들기 위해 큰 자석이 이용된다. 사람은 여전히 누워서 검사를 받고 검사받는 동안 어떠한 금속제품을 착용해서는 안 된다. MRI는 값이 비싸지만 CT보다는 부드러운 조직의 영상을 보다 더 세밀하게 촬영할 수 있다.

근육장애는 근전도 검사법(electromyography)을 통해 진단할 수 있다. 이것은 근육조직에 작은 바늘을 넣고 전기적인 활동을 기록하게 된다. 만약 근전도 검사법에서 장애가 근육이나 신경에 있다면 그러한 것을 결정하는데 도움을 줄 수 있다. 생검은 근육 장애 원인을 결정하는 가장 결정적인 방법이다. 생검은 근골격계의 종양검사를 위해서 가장 실질적인 검사방법으로도 사용된다.

3) 운동손상 후 재활운동을 위한 지식

(1) 재활운동의 종류

운동손상 후 재활운동은 수동운동과 능동운동, 신장운동 등으로 나눌 수 있으며, 능동운동은 능동보조운동, 저항운동을 나누어 적용할 수 있다.

수동운동의 경우, 정상관절범위의 제한에 의한 구축을 예방하는데 있다. 원리는 알맞은 외력의 조절을 통해 이루어지며 근위관절은 고정시키고 원위관절은 받쳐주는 형태로 실시하며 동통이 발생하지 않는 범위(pain free range)에서의 운동이 가능하며 완절한 관절가동범위로 느리고 유연한 동작을 유지하게 해야 한다.

능동운동은 환자가 도움 없이 스스로 움직일 수 있는 범위까지 움직이는 근의 수의적 수축운동이다. 관절가동범위에 대한 정보와 근-건 기관의 상태를 알 수 있다.

연속적인 운동의 진행이 필요하며 적정 운동강도 설정과 완전한 관절가동범위의 운동이 이루어져야 하며 운동 적용시 주동근 이외의 다른 근육군의 보상작용에 의해 운동이 이루어지는지 감독하여야 한다. 만약 다른 근육군의 보상작용에 의한 운동이 이루어진다면 능동운동의 적용을 다시 고려하여야 할 것이다.

능동보조운동은 재활환자에게 운동에 대한 설명을 통한 피드백 작용과 손상된 정도에 따라 보조의 양을 결정하며 유연한 운동이 가능하도록 하는 것이 중요하다. 운동 중 다른 근육의 보상작용이 이루어지지 않도록 하며, 운동과 운동 사이에는 완전휴식이 진행되며 근력이 증가함에 따라 보조의 양은 감소도록 한다.

저항운동은 운동의 저항을 중력에서부터 크게는 트레이너의 저항 및 기구의 저항을 이기는 운동으로 근 긴장은 저항력에 따라 증가하고, 근육은 근력의 증가와 근비대를 나타내면서 반응하게 된다. 저항의 크기가 근력이 극복할 수 있을 정도에서의 최대일 때 근육내의 긴장도는 최대가 되며 이 긴장도는 근력을 최대로 발전하게 한다. 저항은 관절보다 원위부에 주는 것이 효과적이다.

신장운동은 강제적인 힘을 이용하여 근육 및 국소연부조직의 관절가동범위를 늘려주는 운동을 말하며 급성통증시 신장운동을 제한하며 지속적인 통증이나 관절가동범위의 감소는 고강도의 적용여부와 운동시간 감소를 고려하여야 하며 신장을 부드럽게 장시간 하는 것이 효과적이며 원위분절은 받쳐주며 힘을 원하는 부위에 가한다.

근육은 가능한 한 이완한 상태에서 신장시켜야 하며 신장이 능동저항운동으로 되어서는 안된다. 다관절 근육의 신장은 근위관절을 먼저 하고 다음 관절 순으로 한다. 마지막으로 동통점을 약간 넘어서까지 시행해도 무방하다.

(2) 수중 재활운동의 이해

수중 재활운동(aquatic rehabilitation exercise)은 물 자체의 치료효과보다는 물이 신체에 접촉되어 신경이나 감각수용기를 자극하여 신체가 이 자극에 대하여 반응을 나타나게 하는 것으로서 질병 또는 사고로 인한 손상과 후유증 등으로 나타날 수 있는 심리적인 측면과 신체적인 면의 비정상적 기능을 정상 또는 정상에 같게 회복, 증진시키기 위한 방법이다.

또한, 땅에서 이루어지는 어떤 운동도 물속에서 행할 수 있도록 구성되어 있으며, 물에서 사용할 수 있는 적당한 빠르기의 반응시간이 느린 수중 움직임은 비만증, 관절염, 신경질환, 추간판 탈출증 등과 같이 비 수중 운동으로 생긴 장애를 효과적으로 치료할 수 있다.

수중운동은 신체의학의 재활에서 잘 알려져 있는 신체활동의 기술이며 물을 활용한 처방이 상해에 따른 고통을 낮게 하는 성질을 갖고 있으며 다른 운동프로그램에서 흔히 발생할 수 있는 근긴장이나 상해의 재발을 막아주며 자신의 몸을 유지하면서 동시에 저항의 작용도 하기 때문에 운동의 효과가 높다고 보고하였다.

이와 더불어, 신체적 제한과 운동의 제한점을 갖고 있는 사람들의 문제를 극복할 수 있는 방법으로 물의 부력을 이용하여 중력을 감소시킨 상태에서 체중감소 및 관절의 가동성, 움직임, 힘, 근력, 근지구력을 향상시킬 수 있는 수중운동의 효과들이 많이 보고되고 있다.

특히, 육상에서는 체중지지가 칼로리 소모를 높이는 주된 요인이지만 물에서는 물의 저항을 이용하는 것이 더 큰 요인으로 나타나며 수심과 물속에서 움직이는 속도, 동작에 적용하는 힘의 양, 팔과 다리의 길이, 수온 등의 환경요소가 더 많은 칼로리 소모를 가져오게 한다고 하였으며, 수중운동의 경우 물의 밀도는 공기의 800배이며 이것이 바로 지상운동에 비해 에너지 소모를 크게 하는 요소로 작용한다.

(3) 고정테이핑과 키네시오테이핑의 이용

운동선수를 위한 테이핑(보조기)는 손상예방 또는 손상을 입은 운동선수의 경기복귀를 촉진할 수 있다.

테이핑은 과도하거나 비정상적인 움직임과 관절가동범위를 제한함으로서 관절의 인대와 관절낭을 보호하고 움직임을 제한함으로서 근-건 단위를 보조하고 타박상 등의 상해 후 상해부위를 보호하는 역할을 한다. 또한, 사지와 관절로부터 고유수용성 감각적 피드백을 증가시켜 상해를 방지하는 역할을 한다.

예를 들어, 슬관절의 전방십자인대 손상을 입고 슬관절 회전 불안정성의 고통을 겪고 있는 운동선수는 슬관절의 회전 움직임 제한 전에 테이핑으로부터 감각신호를 받을 수 있어 회전 불안정성을 조절하는 근육의 잠재의식에 의해 근수축을 할 수 있게 한다.

마찬가지로 발목에 내번 염좌를 입은 배구 또는 농구선수들은 공중에 떠 있는 동안 테이핑한 발목으로부터 감각신호를 받을 수 있다. 이와같이, 테이핑은 실제적으로 과도한 내번을 제한하는 것보다 고유수용성 감각 피드백을 제공하는 것에서 더 효과적이라 할 수 있다.

키네시오테이핑(kinesiotaping)은 탄력테이핑 혹은 밸런스테이핑으로도 부르며 경직된 근육에 신전된 상태에서 부착하여 근육이 신전된 상태 유지하게 하여 근이완의 효과를 가져온다.

테이핑을 부착하면서 피부표면에 생기는 주름은 경직된 근육과 피부사이 공간 확보하여 혈액순환을 원활하게 하고 테이핑의 접촉감은 근육내 감마 운동신경반사에 의한 작은 떨림을 만들어 내어 근이완효과를 가져오며 마지막으로 관문조절설 이론에 의해 통증수용치가 낮아짐에 따라 통증감소의 효과를 가져올 수 있다.

(4) 열과 냉의 이용

급성 손상시 냉적용은 염좌나 좌상, 피하조직의 손상일 때 적용한다. 손상된 부위의 혈액과 체액은 찢어진 혈관으로 유출되어 손상부위에 부종을 일으킨다. 이보다 손상부위를 냉감을 주어 체내 출혈을 조절하고 통증을 감소시키는 것도 매우 중요한다. 냉은 손상 입은 혈관을 수축시키고 항상 근육경련을 줄이고 신경말단의 감각을 마비시켜 준다.

급성기가 지나면 염좌나 좌상에 상관없이 열을 적용한다. 일반적으로 약 72시간이나 부종이 완화될 때까지는 손상부위에 냉을 적용하도록 한다. 그 후에 열을 적용하는 것은 더욱 효과적일 것이다. 열은 조직을 치유 재생하는데 요구되는 화학적 작용을 가속화시킨다.

백혈구가 감염부위를 치료하기 위해 이동하고 다른 세포는 재생과정을 시작하고 손상부위를 적절히 치유하도록 촉진시킨다. 하지만 너무 빨리 열을 가할 경우 부종을 더 증가시키고 치유를 늦춘다. 열의 적용은 혈관을 확대시키고 손상부위에 혈류를 증가시키며, 신경말단은 더 민감해 지기 때문에 운동손상으로 인한 통증이 심할 때는 냉을 이용한 방법을 사용한다.

5. 운동처방

1) 운동처방의 개요

(1) 운동처방의 필요성

산업화와 도시화가 가속화되면서 인체의 생활리듬이 흐트러지고 지식정보의 홍수 속에서 팽팽하게 긴장된 생활을 함으로써 정신적·신체적 스트레스는 날로 높아져가고 있으며, 또한 산업사회에서의 자동화·기계화의 가속으로 인간의 생활이 편리해지고 생활의 질은 향상되었지만 대신 오염된 환경과 심혈관계질환, 고혈압, 뇌졸중, 당뇨병, 비만증, 우울증과 같은 생활습관병과 운동부족증이라는 새로운 짐을 안은 채 현대인들은 생활하고 있다.

이를 예방·극복하고, 나아가 인간으로서 중요한 삶을 영위할 수 있는 수단으로써 건강유지·증진의 촉매제이면서 생활습관병에 대한 강력한 치료제인 운동은 예방과 치료 및 재활의 최신의학으로서 그 역할과 중요성이 부각되고 있다.

성인병과 같은 질병을 예방하고 치료할 때에는 운동이 약과 마찬가지로 매우 좋은 효과가 있다는 것이 그 동안 많은 연구와 의학적인 역학조사에서 증명됨으로써 운동과학자들과 의사들은 운동을 어떻게 하면 가장 효과적으로 잘 이용할 수 있는지에 대해서 더욱 연구하고, 훈련도 받을 필요가 있다는 사실을 인식하게 되었다. 이렇게 하여 운동과 의학의 결합으로 운동처방이 탄생되었고, 운동부족에 의한 생활습관병의 예방과 건강 및 체력향상과 나아가 완전한 건강을 찾아주는 총체적 건강관리(total health care) 수단으로써 운동처방의 필요성이 대두되었다.

2) 운동처방의 원리

(1) 개별성의 원리

개별성의 원리는 각 개인의 개인적 특수성(성, 연령, 발육단계, 체형, 체력수준, 건강상태, 숙련도, 심리적 특성 등)을 고려하여 각자의 체력과 가능성에 알맞은 부하로 운동해야 보다 효과적인 운동효과를 얻을 수 있다는 것이다.

(2) 과부하의 원리

트레이닝이란 반복되는 운동에 대한 하나의 자극인데, 자극에 대한 적응이 일어나려면 신체 및 각 부위의 기관이 보통상태보다 큰 자극을 받아야 한다. 생리적 자극의 수준을 약간 초과하는 부하를 과부하(overload)라고 하는데, 인체는 주어진 과부하에 적응하면 다시 새로운 과부하로 자극을 주어야 운동효과를 얻을 수 있다.

(3) 점증부하의 원리

점증부하(progressive load)는 운동기간 중 운동의 질(운동형태, 운동강도)과 양(운동시간, 운동빈도, 운동기간)을 점진적으로 증가시켜가는 것을 의미한다. 운동부하의 점진적 증가는 주기를 가지고 계단식으로 이루어져야 한다.

(4) 특이성의 원리

운동의 효과는 과부하의 원칙에 의해 운동부하를 적용한 신체의 계통 또는 일부기관이나 조직에 한정되어 나타난다. 예를 들어, 조깅과 같은 유산소성 운동은 호흡순환계의 기능개선을 가져오고 웨이트 트레이닝과 같은 중량운동은 근육계 혹은 일부근육과 근신경계에 그 주요 효과를 나타내게 된다. 이러한 것을 특이성(specificity)의 원리라고 한다.

3) 운동처방의 구성요소

(1) 운동처방의 질적 요소

① 운동형태

운동형태는 운동의 목적에 따라 선정되어야 한다. 운동효과는 실시한 운동형태에 따라 다르게 나타나므로 각 개인이 행할 운동의 형태를 결정하는 것은 운동처방시 고려되어야 할 중요한 요소 중의 하나이다.

② 운동강도

운동강도는 일정시간 내에 수행된 운동량을 의미하는데, 이것은 운동형태와 개인의 체력수준을 고려하여 설정되어야 한다. 운동강도는 VO_2max에 대한 백분율(%VO_2max), HRmax에 대한 백분율(%HRmax)로 표현되며, 대사당량(METs), 목표심박수(THR), 운동자각도(RPE) 등을 이용하여 표현하기도 한다. 그리고 운동처방 프로그램 작성시 중요시되는 운동강도는 심폐적성을 위해서 순환계가 감당할 수 있는 한도 내에서 충분한 부하가 주어져야 한다. 운동강도는 최대운동능력의 50~85%, 즉 VO_2max의 50~85% 범위내에서 운동을 하는 것이 가장 이상적이다. 최대운동 50% 이하의 운동은 심폐기능에 별효과가 없고, 85% 이상은 너무 무리하기 때문에 권장하지 않는다.

(2) 운동처방의 양적요소

① 운동지속시간

운동지속시간은 운동강도와 관련하여 결정하는데, 이 둘은 서로 반비례관계가 있다. 즉 운동강도가 높으면 운동시간이 짧아지고 운동강도가 낮으면 운동시간이 길어진다. 적당한 운동강도와 운동시간의 설정기준은 운동이 끝난 후 1시간 이내에 안정 상태로 회복되고, 피로를 느끼지 않을 정도가 가장 이상적이다.

운동지속시간은 일련의 운동을 실시하는 데 소요되는 시간으로 표시하는 것이 원칙이지만, 운동형태에 따라서 set 또는 session으로 나타낼 수 있다. 운동지속시간은 일반적으로 15～60분으로 하는데, 운동을 처음 시작하는 초보자는 운동시간이 10～20분 정도가 적당하고, 운동이 어느 정도 진행된 후는 운동시간을 15～45분으로 정하는 것이 알맞으며, 더욱이 체력이 단련되면 운동시간을 30～60분으로 늘리는 것이 좋다.

운동은 준비운동기(warm up phase), 주운동기(conditioning phase) 및 정리운동기(cool down phase)로 구분하여 실시한다.

② 운동빈도

운동빈도란 처방된 운동형태·운동강도·운동지속시간으로 구성된 운동프로그램을 1주일 중 실시한 날짜수를 의미하며, 일반적으로 주당 3～5회로 하되 운동프로그램의 진전단계와 기능적 유산소능력의 수준에 따라 조정한다. 일주일에 3회 운동할 경우에는 격일식(월, 수, 금)과 3일 연속식(월, 화, 수)으로 할 수 있으며, 어느 방법이든 훈련효과에 대해서는 별 차이가 없으나 운동초기에는 관절 등의 상해를 예방하기 위해서 격일식이 바람직하다.

운동량은 같은데 운동빈도를 주이게 되면 일회운동량이 너무나 크기 때문에 상해를 입는 등 신체에 무리가 따르게 됨으로 주의해야 한다. Pollock[14) 등의 보고

---

14) Pollock, M. L., Cureton, T. K., & Greniger, L.(1969). Effects of frequency, cardiovasular function and body composition of adult men, Medicine and Science in Sports and exercise, 1, 70-74.

에서 주당 3회 이하 운동에서는 심폐기능은 다소 향상되었으나 체지방은 감소하지 않음을 보여주고 있다. 따라서 주당 5회를 원칙으로 하되, 운동초기에는 주당 3~4회로 하는 것이 바람직하다.

4) 운동처방의 과정

운동처방은 건강상태와 신체적 조건 및 체력수준 등을 진단 평가한 자료를 토대로 건강와 체력을 유지 및 증진시키기 위한 가장 안전하고 운동효과를 기대할 수 있는 각자에 알맞은 운동의 유형, 강도, 지속시간, 빈도 등의 구체적인 구성요소들을 포함시켜 개별화된 운동프로그램을 작성해내는 과정이다. <그림 1-4>는 운동처방의 일반적인 과정을 나타낸 것이다.

그림 1-4 운동처방의 일반적 과정

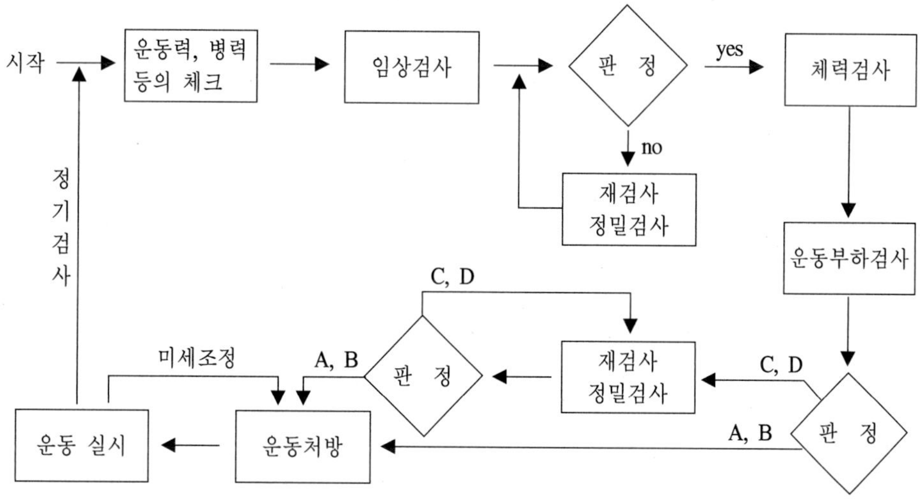

운동처방의 전형적인 흐름을 나타낸다. 검사결과가 A 또는 B라고 판정된 사람에게 운동이 처방된다.

A : 이상 없음, 운동을 해도 좋다. B : 이상 소견 있음, 조건부로 운동을 해도 좋다.
C : 정밀검사 필요 D : 운동불가, 치료를 필요로 한다.

5) 운동의 효과

(1) 운동이 심장에 미치는 효과

① 안정시 심박수

성인의 안정시 심박수는 남자 65~75회이고, 여자 70~80회이다. 이 범위를 벗어나는 사람도 있지만, 발열시와 정신적으로 긴장했을 때에는 누구나 심박수가 높아진다.

운동으로 신체를 트레이닝하면, 안정시 심박수는 일반적으로 낮아진다. 평소에 조깅을 자주 하는 사람은 50회 이하로 내려가는 경우도 적지 않고, 마라톤선수는 40회 이하인 사람도 있다. 1분 동안 내보내진 혈액의 양(심박출량)은 다음의 식에서 보듯이 1회박출량과 심박수의 곱이기 때문에 1회박출량이 증대하면 심박수는 적어져도 필요한 혈액량을 공급할 수 있다.

$$\text{심박출량} = \text{1회박출량} \times \text{심박수}$$

따라서, 트레이닝에 의해 일어나는 안정시 심박수의 감소는 심장의 펌프기능이 개선된 결과인데, 이는 심장이 더 강한 운동에도 참을 수 있도록 적응되었다는 것을 보여주는 것이다.

② 운동시 심박수

운동 중에는 일반적으로 심박수가 높아진다. 동일한 사람인 경우 운동강도와 심박수는 비례관계에 있다. 단련이 되면 이 비례정수는 작아지고, 일정한 운동강도에 대한 심박수는 적어지게 된다. 이것은 1회박출량이 증대하면 심박수가 적어진다.

한편, 단련된 사람은 운동개시 후 평형상태에 달할 때까지는 심박수의 증가속도가 빠르고, 운동 후의 회복도 빠르다. 운동부족인 사람은 상승곡선이 완만하고 5분이 경과해도 평형이 되지 않는 데 비해, 단련자는 2분만에 평형에 도달한다.

이것은 그 운동에 필요한 심박출량을 더 빨리 공급할 수 있게 된 것을 뜻하는데, 그만큼 운동 초기의 산소부족을 적게 하는 기능이 있다. 이것은 위에서 설명한 심박수의 감소현상과 마찬가지로 운동에 대해 적응한 것이며, 더 강한 운동을 실시하는 능력이 높다졌다는 것을 의미한다. 일정 강도의 운동을 실시했을 때의 심박수를 재면 그 사람의 심기능과 유산소능력을 평가할 수 있다.

③ 심박출량

심장의 박출능력(심박출량)은 앞에서 설명한 식에서 나타낸 것처럼 1회박출량과 심박수에 따라 결정된다.

<표 1-3>은 일반인(비단련자)과 장거리달리기 선수(단련자)의 심장능력을 전형적인 수치로 나타낸 것이다. 안정시, 일반인은 1회박출량이 70㎖이고, 심박수가 70회이기 때문에 심박출량은 약 5ℓ/min이 된다. 단련자는 1회박출량이 크지만(90㎖) 심박수가 작고(50회), 심박출량은 일반인과 변함이 없거나 약간 낮다. 운동 중에는 그러한 수치가 모두 증가하지만, 그 증가 패턴에는 단련자와 일반인의 차이가 있다.

심박수는 운동강도에 비례하여 직선적으로 증가하는 데 비해, 1회박출량은 중등도의 운동까지는 증가하지만, 그 이상 운동을 강하게 하면 증가하지 않고 거의 일정치를 갖게 된다. <표 1-3>에는 최대운동시의 수치가 있는데, 이것에 의하면 일반인의 1회박출량은 120㎖(안정시의 1.7배), 심박수는 190회(2.7배)이고, 심박출량은 22.8ℓ/min(4.6배)가 된다. 이에 비해, 단련자의 1회박출량은 200㎖(2.2배), 심박수는 190회(3.8배)이고, 따라서 심박출량은 38.0ℓ/min(8.4배)에 달한다. 이렇게 심장의 박출능력에는 단련자와 비단련자의 차이가 명료하게 나타난다.

표 1-3 일반인과 트레이닝을 한 사람의 심박출능력 비교

		일반인	단련된 사람
안정시	심박수(박/분)	70	50
	1회박출량(mℓ)	70	90
	심박출량(ℓ/min)	5.0	4.5
최대치	심박수(박/분)	190	190
	1회박출량(mℓ)	120	200
	심박출량(ℓ/min)	22.8	38.0

④ 스포츠 심장

임상적으로 심장의 비대는 고혈압증과 심장판막증 등이 있을 때 발견되는 병적인 것이 많기 때문에, 스포츠에 의한 심장의 비대현상은 스포츠를 지나치게 많이 한 결과라고 해석하여 왔다. 그러나 오늘날 이것은 오해였음이 확실히 밝혀졌다.

병 때문에 심장이 커지는 것은 기능장애에 적응한 결과이다. 즉, 판막증 등이 있으면 펌프기능의 효율이 낮고, 일상생활에 필요한 혈액의 공급이 심장에 대한 과부하가 되며, 그 결과 심근의 확장과 비대가 일어나는 것이다. 심근이 확장되면, 스탈링의 법칙으로 잘 알려져 있는 것처럼 수축력이 강해져서 1회박출량의 부족을 보완할 수 있다. 또한, 근의 수축력은 그 단면적에 비례하기 때문에 심근이 비대해지면 수축력이 강해지고, 박출량을 늘리게 된다. 펌프능력이 낮은 병적 심장은 심근이 확장·비대하거나 심박수가 증가하지 않으면 일상생활은 물론, 자리에 누워 있는 데 필요한 혈액조차 공급할 수가 없게 된다.

이에 비해, 스포츠심장에서 볼 수 있는 심비대는 격렬한 운동에 적응한 결과로서 생긴 것이라고 볼 수 있으며, 병적 심비대와 달리 펌프기능은 보통 사람의 심장보다 훨씬 우수하다. 또한, 병적 심비대는 모세혈관이 근섬유의 비대에 동반하여 증가하지 않으므로 심근은 산소부족에 빠지기 쉽고, 가벼운 운동으로도 심전도적·임상적으로 심근허혈증상을 일으키기 쉽다. 여기에 비해 스포츠로 단련된 심장은 모세혈관이 잘 발달되어 있기 때문에 심근으로 향하는 산소공급이 충분히 이루어지고, 강한 운동에도 잘 견딜 수 있다.

스포츠심장과 병적 비대심장의 큰 차이 중 하나는 심장용적과 박출량의 관계이다. 스포츠심장은 일반적으로 구출률(심장의 확장기용적에 대한 1회박출량의 비율)이 크고, 또한 심장용적과 최대 1회박출량은 비례하며, 큰 심장일수록 1회박출량이 크다. 이에 반해, 병적 비대심장은 심장용적에 비해 1회박출량이 작기 때문에(구출률이 작다), 이 직선에서 크게 벗어나 선의 아래쪽에 오게 된다.

6) 운동처방의 실제

(1) 의학검사

의학검사의 목적은 현재 건강상태의 파악, 운동이나 운동부하검사의 가부 판정, 사고방지, 안전한 운동처방서 작성을 위한 정보획득 등 다양하지만, 단적으로 말하면 위험인자를 수량적으로 평가하는 데 있다. 따라서 운동처방을 받으려는 사람은 모두 이 검사를 받는 것이 바람직하다. 특히, 최근 몇 년 이상 별로 운동을 한 적이 없는 사람이나 중년 이상인 사람은 이것을 빼 놓을 수 없다.

의학검사는 정밀하고 광범위하게 실시하는 것이 가장 좋지만, 한도도 생각해야 한다. 젊고 건강한 사람은 반드시 매년 검사를 받을 필요는 없고, 중·고령자의 경우에도 뇌파, 청력, 시력, 위의 X선 검사, 직장검사까지 포함시킨 종합검진을 운동처방 전에 의무적으로 받을 필요는 없다. 물론, 그것은 나름대로 건강진단으로서 의의는 있지만, 정기적으로 실시하는 종합검진 속에 운동처방까지 포함하여 더 포괄적인 건강형성을 목표로 삼는 방법도 있다.

필요한 의학검사항목은 <표 1-4>와 같다.

표 1-4 필요한 의학검사항목

구 분	내 용
형 태	비만도, 피지후, 체지방률
순환기능	심박수, 혈압, 안저, 안압, 심전도, 흉부Xtjs
운동부하검사	심박수, 혈압, 심전도
호흡기능	폐활량, 1초량
혈액소견	헤모글로빈, 헤마토크리트, 적혈구수, 백혈구수, 콜레스테롤, GOT, GPT, 알칼리 포스파타제, 총단백, A/G, 중성지방
소변검사	요단백, 요당, PSP
기 타	시력, 청력, CMI

(2) 운동부하검사

① 운동부하검사의 목적

- 심폐적성(cardiorespiratory fitness)을 평가한다.
- 안정상태에서 나타나지 않는 심장기능의 이상 또는 심전도(ECG)상의 이상 소견인 협심증(angina pectoris), 부정맥(arrhythmias), 심근허혈(myocardial) 및 이상혈압반응(abnormal BP response) 등을 운동을 통해 발견한다.
- 순환기능, 운동에 견디어 내는 능력, 최대산소섭취량 등을 지표로 하여 운동효과 평가한다.

② 운동부하검사의 원리

- 운동부하의 강도는 환자의 예측최대운동능력 보다 매우 낮은 운동강도에서 시작해야 하며, 운동선수, 일반인, 환자 등 각각의 체력상태에 따라서 적합한 운동부하 프로토콜을 선택해야 한다.
- 운동부하의 강도는 점진적으로 증가시켜야 하고, 일반적으로 건강한 일반인의 경우 2MET이상, 환자의 경우 1/2MET 이하를 증가시킨다.
- 운동부하검사시 심박수, 혈압, 심전도, 환자의 상태, 운동자각도, 이상증세

등의 변화가 운동검사를 중단하는데 중요한 기준이 된다.

- 운동부하검사는 온도가 22℃ 이하이고, 습도가 60% 이하인 장소에서 하는 것이 좋다.

③ 운동부하검사의 측정요인

- 최대산소섭취량(VO_2max) : 운동 중 산소섭취량의 최대치 즉, 단위시간에 받아들일 수 있는 에너지의 양. VO_2max가 크다는 것은 전신지구성 운동능력이 높다는 것을 의미한다.
- 1회 환기량(tidal volume) : 안정 호기시의 1회 호흡량 : TV=매분 환기량(BTPS)/매분 호흡수
- 산소맥(O_2 pulse)
- 산소섭취율(O_2 removal) : 공기중에 들어있는 산소를 섭취할 수 있는 비율(정상 : 30∼50㎖/ℓ.Vent) : O_2R=매분 산소섭취량(STDP)/매분 환기량
- 호흡상(respiratory quotient) : R.Q=매분 탄산가스 배출량(STDP)/매분 산소섭취량
- 호흡당량(ℓ)=환기량(ℓ)/산소소비량(㎖)×100
- 심박수(heart rate) : 심박수는 운동강도에 거의 비례하기 때문에 운동강도를 나타낼 수 있다. 다만, 심박수가 비교적 낮은 곳에서는 정서적 흥분과 정신긴장의 영향이 상대적으로 강하므로 직선관계로부터 벗어나는 경향이 있다.
- 퍼센트(%)표시법 : 그 사람의 최대운동능력의 %에 해당하는 강도인가를 나타내는 방법이며, 산소섭취량과 심박수를 사용하여 다음 식으로 구한다.
- 심박수 증가율=(운동중 심박수-안정시 심박수/최대심박수-안정시 심박수)×100
- 심박수 회복율=최대심박수-안정시 심박수/최대심박수-안정시 심박수
- 최대심박수는 최대운동검사에 의해 측정하는 것이 정확하며, 다음 식으로 근사적인 측정치를 구할 수 있다.
- 심박출량(cardiac ouput) : 1분 동안에 좌심실이 박출해 낸 혈액의 총량
- 1회박출량(stroke volume) : 좌심실이 한번 수축할 때 펌프되는 혈액량. 운동 중 최대 1회박출량

④ **운동부하기구와 프로토콜**

- **운동부하기구**

운동부하기구에는 트레드밀, 자전거에르고미터, 암에르고미터, 스텝상자 등이 대표적이다. 환자의 상태와 운동능력, 운동검사의 목적, 검사환경, 정확성, 편이성, 안전성 및 비용 등을 고려하여 선택해야 한다. <표 1-5>는 기구의 선택과 운동부하기구의 비교를 나타냈다.

표 1-5 운동부하기구의 특성비교

구분 \ 내용	트레드밀	자전거에르고미터	스텝상자
운동의 전신성 및 국소성	전신운동	하체의 국소피로가 한계인자가 될 가능성이 있음	양자의 거의 중간
최대 산소섭취량	가장 높은 수치	트레드밀보다 5~10% 낮음	트레드밀보다 2% 낮음
숙련도	일반적인 운동	비훈련자에게는 부적합	문제되지 않음
운동량	물리적 운동량과 생물학적 운동량이 평행하지 않음	물리학적 운동량과 생물학적 운동량 비례(물리학적인 kpm로 표시)	회수와 높이로 규정
체 중	영향이 적음	체중이 큰 사람이 유리	저체중 유리
운동강도의 조절	조절이 용이함	회전수를 고정하고 저항을 변화시킴	높이와 빈도에 의해서 조절하나 한계가 있음
혈압·채혈	다소 불편	매우 용이	매우 불편
안정성	탈진시 안전대책 필요	운동후 뇌빈혈 가능성	고령자에게 고빈도의 상승은 위험
가 격	고가	중간	저가
전 력	필요	불필요	불필요

- **프로토콜**

프로토콜(protocol)이란 운동부하방법을 의미하는 것으로 다음과 같은 조건을 만족시켜야 한다.

○ 지속적인 심전도 변화를 관찰할 수 있어야 한다.

○ 운동전·중·후의 심전도를 기록할 수 있어야 하며, 명확하고 정확한 심전도 결과를 볼 수 있도록 근수축으로 인한 잡음을 최대한 배제할 수 있어야 한다.

○ 좌업성이나 건강이 좋지 않은 사람뿐만 아니라 운동선수까지 수행할 수 있는 운동형태여야 한다.

○ 운동부하는 각 개인의 능력에 따라서 다양할 수 있으나 결과를 재현성이 높도록 표준화되어야 하며, 다른 환자들의 검사 결과와 비교가 가능해야 한다.

○ 운동전·중·후의 혈압을 반복해서 자주 측정할 필요가 있다.

○ 유산소운동능력을 평가할 수 있어야 한다.

○ 검사를 받는 동안 최대의 안전성과 최소의 불편함이 갖추어져 있어야 한다.

○ 건강과 질병의 차이를 분명하게 할 수 있는 특이도(specificity)와 민감도(sensitivity)가 요구된다.

○ 정상인과 심장질환 환자들의 운동에 대한 신체의 반응을 충분히 이용할 수 있도록 해야 한다.

○ 첫째 단계는 충분한 준비운동이 될 수 있도록 시간이 길어야 한다.

○ 검사시간은 가능한 한 짧은 것이 좋다.

VO_2max테스트의 운동부하방법으로는 크게 나누어 점증부하법(incremental loading)과 고정부하법(constant loading)이 있다. 전자에는 운동이 연속적으로 행할 수 있는 연속법(continuous method)과 중간휴식을 넣으면서 부하를 증가하는 간헐법(intermittent method)이 있다.

⑤ 최대부하법과 최대하부하법

그 사람의 운동내성능력의 한계까지 운동 강도를 강하게 해나가는 것이 최대부하법이고, 그 이하의 강도로 여유를 남기고 끝내는 것이 최대하부하법이다. 한계까지는 도달하지 않더라도 운동을 중지해야 할 증상이 나왔기 때문에 운동을 중지하였을 때를 증상한정성 최대부하라고 하는데, 넓은 뜻으로는 이것도 최대부하법에 포함된다.

운동부하 테스트로서 어느 쪽이 좋은지가 문제가 되는데, 우선 양쪽의 장단점을 비교해 보면 <표 1-6>에 나타나듯이 최대부하법은 피검자에 대한 부담이 크지만, 최대산소섭취량이나 운동내성능력을 직접 정확하게 측정할 수 있고, 잠재적 이상 발견율이 높다.

표 1-6 최대부하법과 최대하부하법의 비교

	최대부하법	최대하부하법
최대산소섭취량, 최대심박수, 운동내성능력 측정의 정밀도	정확하고 오차가 적으며 재현선이 높다	오차가 많고, 재현성이 약간 낮다
잠재적 이상 발견율	매우 높다	상대적으로 낮다
피검자의 생리적 부담	크다	작다
사고 발생 위험	크다	작다
검사자의 정신적 부담	크다	작다

(3) 체력검사

① 체력의 개념

체력(physical fitness)이란 인간생활을 영위해가는 데 기초가 되는 신체적 활동능력이라 말할 수 있다.

② 체력의 분류

체력을 행동체력과 방위체력으로 나누어 표현할 때 방위체력은 생활환경의 변화나 외부에서 오는 스트레스에 대하여 인간의 생명을 유지시키려고 하는 생존능력을 말하기 때문에 건강과 더욱 밀접한 관계를 가진다.

체력을 평가하는 목적에 따라서 건강관련체력과 기능관련체력으로 나누어 볼 수 있다. 자신의 건강문제와 관련하여 체력을 평가하기 위해서는 건강관련체력인 신체구성, 심폐지구력, 근력, 근지구력 및 유연성과 같은 항목들을 중심으로 평가해야 하고, 운동선수로서의 능력을 알아보기 위한 체력검사에서는 운동기능과 관련된 민첩성, 파워, 반응시간, 평형성 및 협응성을 대표하는 항목들을 측정하여 평가해야 한다.

표 1-7 체력의 분류

- 체 력
  - 행동체력
    - 1. 행동을 일으키는 능력 — 관련기능
      - (1) 근력 ······ 근기능
      - (2) 근파워 ······ 근기능
    - 2. 행동을 지속하는 능력
      - (1) 근지구력 ······ 근기능
      - (2) 전신지구력 ······ 호흡순환기능
    - 3. 행동을 조절하는 능력
      - (1) 평형성 ······ 신경기능
      - (2) 민첩성 ······ 신경기능
      - (3) 교치성 ······ 신경기능
      - (4) 유연성 ······ 관절기능
  - 방위체력
    - 1. 물리화학적 스트레스에 대한 저항력
      추위, 더위, 저산소, 고산소, 저압, 고압, 진동, 화학물질 등
    - 2. 생물적 스트레스에 대한 저항력
      세균, 바이러스, 그 외의 미생물, 이종단백질 등
    - 3. 생리적 스트레스에 대한 저항력
      운동, 공복, 갈증, 불면, 피로, 시차 등
    - 4. 정신적 스트레스에 대한 저항력
      불쾌, 고통, 공포, 불만 등

체력은 넓은 개념이다. 일반상식적인 체력은 여기에서 행동체력으로 나타냈다.

③ 체력검사의 목적

체력검사는 체력증진을 위한 운동처방이나 재활운동 프로그램을 구성함에 있어 일반적이고 필수적인 과정이다. 체력검사의 목적은 다음과 같다.

- 운동처방을 위한 자료를 제공해준다.
- 체력향상을 위한 운동능력의 평가 자료를 제공해줌과 동시에 처방 및 재처방 그리고 추후관리를 위한 자료를 수집할 수 있다.
- 운동참가자에게 적절한 목표를 제시하여 동기를 유발시킬 수 있는 기초가 된다.
- 체력검사결과를 동일연령별 기준치와 비교함으로써 체력수준을 스스로 평가할 수 있다.
- 운동수행의 안정성 여부와 위험요인을 세부적으로 분류하고 평가하는 데 있다.

④ 체력검사 항목

체력검사 항목은 <표 1-8>에서 보는 바와 같다.

표 1-8 체력검사 항목

구 분	검사항목
근 력	악력, 배근력, 각력
근지구력	윗몸일으키기, 팔굽혀펴기
순 발 력	제자리 멀리뛰기, 제자리 높이뛰기
유 연 성	체전굴, 체후굴
전신지구력	오래달리기
민 첩 성	사이드스텝 테스트, 전신반응시간
평 형 성	눈감고 외발서기, 직선보행검사

Ⅱ

건강관리

1. 건강과 운동
2. 체력과 운동
3. 연령과 운동
4. 면역과 운동

1. 건강과 운동

1) 건강관리

(1) 운동이 건강에 미치는 효과

규칙적인 신체활동은 건강에 매우 유익한 것들을 제공한다. 장수를 누리는 것은 물론이며, 가장 큰 이익은 건강하고 보다 나은 질적 수준의 생활을 통해서 긍정적인 생활습관을 가져오게 한다. 또한 규칙적인 신체활동은 삶을 풍요롭게 하고, 부정적인 생활습관을 가진 비활동적인 사람들보다 건강과 관련된 문제점이 적은 것으로 나타났다.

① 신체의 생리적 기능

- ○ 심폐기능의 향상과 강화
- ○ 격심한 신체활동에 따르는 회복시간의 단축
- ○ 상해 혹은 질병에 따르는 회복시간의 단축
- ○ 전체적인 신체기능의 조절능력 향상
- ○ 안정시 기초대사율 증가

② 신체구성

- ○ 권장체중 유지에 도움
- ○ 제지방 체중 유지에 도움
- ○ 신체활동 중 지방소비능력 향상

○ 자세와 신체외모의 향상

③ **건강**

○ 면역계의 기능 향상
○ 만성질환과 질병(심혈관계 질환과 암 등과 같은)의 위험을 감소
○ 만성질환으로부터 사망률 감소
○ 즉시 응고되지 않는 엷은 혈액(그 결과 관상동맥질환과 심장마비의 위험이 감소)
○ 콜레스테롤의 효율적인 관리에 도움
○ 고혈압환자의 고혈압과 저혈압 진전의 예방과 지연
○ 당뇨병 예방과 조절에 도움
○ 젊은 성인의 높은 골밀도 획득과 노후의 골밀도 유지, 그 결과 골다공증의 위험 감소
○ 만성적 요통 예방에 도움
○ 장수와 노화과정을 늦춤
○ 노인들의 독립적인 생활유지에 도움

④ **정신적 건강**

○ 숙면을 취하는데 도움
○ 긴장이완과 생활 스트레스 대처에 도움
○ 보다 나은 사기진작을 통한 정신적인 웰빙, 자가 심상 및 자기존중의 향상
○ 우울증과 분노의 감소
○ 동기부여로 긍정적 생활습관 변화(영양향상, 금연, 알코올과 약물사용의 조절)

2. 체력과 운동

1) 체력

개인들은 지나치게 과로하지 않고, 레저나 레크리에이션 활동에 할애할 에너지를 가지고 있으면서 안전하고도 효과적인 일상생활을 만날 수 있는 일상적이면서 특수한 요구를 수행할 수 있을 때 신체적으로 우수한 체력수준을 가지게 된다. 체력은 건강관련 체력, 운동 기능 관련 체력 및 생리적 체력으로 구분할 수 있다.

(1) 건강관련 체력

① 심폐지구력

심장, 폐 그리고 혈관이 장시간의 신체적 활동을 수행하기 위해 세포에 산소를 제공하는 능력이다.

② 근력 및 근지구력

근력은 근육이 힘을 생성하는 능력이며, 근지구력은 힘을 지속하는 능력이다.

③ 근육 유연성

관절을 움직일 때 손상 없이 움직이는 범위로 나타난다.

④ **신체구성**

제지방 체중과 지방조직(지방체중)의 양으로 구성된다.

(2) 운동기능관련 체력

운동기능관련 체력은 농구, 라켓볼, 골프, 하이킹, 축구나 수상 스키 등과 같은 활동 수행 시 필수적이다. 우수한 운동기능관련 체력은 응급 상황에 있어서 사람들을 더욱 효과적으로 대처할 수 있도록 도우며 전체적으로 삶의 질을 강화시키기도 한다.

① **민첩성**

신체 위치와 방향을 빠르고 효율적으로 움직이는 능력이다. 민첩성은 스포츠에서 마치 농구나 축구와 라켓볼에서 신체조절 능력을 적절하게 유지하며 방향을 빠르게 바꾸는 과정에서 중요하다.

② **평형성**

신체균형을 유지하는 것은 체조, 다이빙, 아이스 스케이팅, 스키와 심지어는 축구와 레슬링과 같은 활동에서 상대의 평형을 무너뜨리는 과정에서도 매우 중요하다.

③ **협응력**

신체 이동을 보다 정확하고 부드럽고 조화롭게 하기 위한 신경계와 근육계의 통합능력을 의미한다. 이 요인은 골프, 야구, 가라데, 축구, 라켓볼 등과 같이 다양한 신체활동에서 중요하며, 손과 눈 또는 발과 눈의 운동 또는 이 모두를 이용하는 운동은 이 요인이 통합되어야 한다.

④ **파워**

짧은 시간에 최대의 힘을 낼 수 있는 능력으로, 파워의 두 가지 요소는 근육의 속도와 힘이다. 이 두 가지 요소가 효과적으로 조화되면 점프나 스파이크, 공 던지기 같은 데 있어서 폭발적인 움직임을 만들어 낼 수 있다.

3. 연령과 운동

1) 연령증가와 운동

체중은 연령증가에 따라 증가하고 신장은 감소한다. 체지방량은 연령 증가와 함께 증가하는데 이는 주로 열량 섭취량 증가, 신체활동량 감소, 지방에너지 동원능력의 감소 때문이다. 45세 이후부터 제지방량은 감소하는데 이는 주로 근육과 골 양의 감소 때문이며 두 가지 모두 최소한 부분적으로는 신체활동량 감소로부터 초래된다. 트레이닝은 이 같은 신체조성의 변화들을 완화하는데 도움이 된다.

최대근력은 노화에 의해 서서히 감소한다. 나이와 관련된 근력의 감소는 근육량이 줄어드는 것이 주요한 원인이다. 일반적으로, 정상 활동을 하는 사람들이 연령에 따라 지근섬유의 비율이 증가하는 것은 주로 속근 섬유가 줄어들기 때문이다. 연령 증가에 따라 근섬유 수와 근섬유 횡단면적이 감소하지만, 운동은 근섬유 횡단면적의 변화를 완화시킨다. 노화는 중추신경계의 자극감지 기능, 자극감지와 반응에 대한 정보전달 능력이 떨어진다. 이렇게 노화로 인하여 나타나는 많은 생리학적 문제점들을 운동이 완화시킬 수 있고, 운동수행력에 미치는 노화의 영향을 줄일 수 있다.

노화에 의한 지구력의 감소는 중추순환과 말초순환의 감소 때문이다. 최대심박수는 연령에 따라 연간 1회/분 이하로 약간 감소한다. 연령에 대한 평균 최대심박수는 다음의 공식에 의하여 추정될 수 있다. 최대심박수 = [208 - (0.7 × 나이)]. 최대 1회박출량과 심박출량은 역시 연령에 따라 감소한다. 1회박출량은 훈련을 지속하는 나이 많은 선수들에게서 잘 유지될 수 있다. 노화에 따른 심혈관 기능의 감소가 어느 정도 신체적 노화를 촉진시키는지, 그리고 감소된 신체활동이 체력을 얼마나 감소시키는지 명확하지 않지만 많은 연구에서 이러한 변화를 운동이 최소화시킬 수 있다고 보고하였다.

일반적인 유산소적 능력은 비활동적인 남녀에게서 10년에 약 10%정도 혹은 1년에 1%정도 감소하지만 지속적인 트레이닝을 실시한 사람은 같은 연령대의 비활동적인 사람들 집단에 비하여 유산소적인 능력의 감소를 완화시킬 수 있는 것으로 나타났다. 체중, 체지방율, 체지방량, 제지방량의 변화에 있어 노인들은 트레이닝으로부터 젊은 성인 및 중년 성인들과 유사한 효과를 얻을 수 있다.

활동적인 생활습관은 수명이 약간 증가하는 것과 관련이 있다. 중요한 것은 활동적인 생활습관이 삶의 질을 높여준다는 것이다. 나이가 들면서 부상 위험도가 증가하고 부상은 느리게 치유되는 경향이 있는데 규칙적으로 활동하는 사람들은 부상의 위험뿐만 아니라 사망률이 감소하는 것으로 나타났다.

4. 면역과 운동

운동은 면역기능을 강화시킨 뒤 면역 세포들의 활동을 억제시킨다. 중강도의 운동은 호중구의 수와 활성을 증가시키지만 심한 운동은 적어도 24시간 동안 억제시킨다. 또한 중등도의 운동은 NK세포의 수와 활성을 증가시키나 심한 운동은 수시간에서 수일동안 억제시킨다. 따라서 심한 경쟁과 만성적인 과다한 운동 후에는 급성 감염에 노출되기 쉽다.

임파구의 수도 운동의 강도에 비례해서 증가한다. T세포는 짧은 기간 강한 운동을 하면 증가되며 오랜 기간 심한 운동을 하면 감소한다. B세포는 운동하는 동안 극적으로 증가하며 운동을 중단하면 빠르게 안정상태의 수치로 돌아온다. 혈청 내 항체 농도는 운동에 의해 달라지지 않으나 침샘의 항체는 운동하는 동안 감소한다. 따라서 고도로 훈련된 선수들에게서 상기도 감염이 자주 발생한다.

중등도로 훈련된 유산소성 운동선수의 안정 시 면역계는 대체로 정상범주내의 수치를 보이나 NK세포의 활성은 증가되어 있을 수 있다. 심한 운동을 하는 선수에서는 호중구의 기능과 혈청 내 보체와 침샘의 항체가 감소되어 있다. 그러므로 오랜 기간 심한 운동을 하는 경우 면역기능 저하로 인해 질환이 생길 수 있다.

1) 면역반응에 대한 운동의 효과

운동의 기간과 강도에 따라 다르게 나타난다.

(1) 비특이적 면역계

- 적당한 운동 : 백혈구, NK세포, 대식세포, 급성기 단백질 증가
- 심한 운동 : 백혈구기능 억제(최소한 24시간), NK세포의 활성억제(수시간-수일간)

(2) 특이적 면역계

- T 세포 : 짧고 강한 운동 시 증가, 길고 심한 운동 시 감소
- B 세포 : 운동 시 극적으로 증가했다가 중단 시 곧 기저치로 회복

(3) 오랜 훈련의 결과

- 적당한 운동 시 정상 범주 내 면역기능이며 NK세포 활성 증가
- 심한 운동 시 백혈구 기능, 혈청의 보체, 침샘의 항체 감소, 질환 유발

2) 면역기능을 돕기 위한 지침

- 충분한 영양 섭취를 한다.
- 스트레스의 최소화 한다.
- 만성피로나 과도한 운동을 피한다.
- 감기를 예방한다.
- 과도한 근육통을 피한다.
- 아픈 사람들 주변을 피한다.

3) 운동 중단을 고려해야 할 지침

- 가벼운 상기도 감염(열, 근육통, 심한 피로, 편도선 부음 등 전신 증상 없음) : 이틀간 운동 중단하고 대중요법 실시
- 전신증상을 동반한 상기도 감염 : 24주간 휴식
- 목 상부 증상(콧물, 인두 이상 등)을 보일 때 : 가벼운 활동 시작
- 목 하부 증상(근육통, 구토, 설사, 발열)을 보일 때 : 훈련 중단

4) 운동과 면역계, 악성 종양

- 일회성, 활동적 및 유산소 운동 : NK세포, 대식세포 증가
- 대장, 유방, 전립선, 폐종양 감소
- 종양의 전이 억제

III

근력강화와 필라테스

1. 근력강화운동

1) 가슴 & 어깨

BENCH PRESS

실시방법

1. 벤치에 누워 엉덩이와 어깨를 붙이고 발은 지면에 붙이고 와이드 그립으로 바벨을 잡고 준비한다.
2. 숨을 들이마시며 바를 유두부 가까이 내린다.
3. 숨을 내쉬며 들어올린다.

주의사항

1. 손목을 굽혀지지 않게 곧게 편다.
2. 팔을 올릴 때 흔들리지 않게 수직으로 들어올린다.
3. 바벨을 내렸을 때 위팔과 아래팔의 각이 90도를 유지하도록 한다.
4. 내로우 그립으로 실시하면 위팔 세갈래근과 가슴근 안쪽에 집중적으로 부하를 줄 수 있다.

자극부위

- 대흉근(Pectoralis major)
  삼각근(Deltoid)
  상완삼두근(Triceps brachii)

DUMBBELL BENCH PRESS

실시방법

1. 벤치 프레스와 동일하게 실시하되, 덤벨을 이용하여 실시한다.

주의사항

1. 손목을 굽혀지지 않게 곧게 편다.
2. 팔을 올릴 때 흔들리지 않게 수직으로 들어올린다.
3. 덤벨을 내렸을 때 상완과 전완의 각이 90도를 유지하도록 한다.
4. 두 팔의 각이 동일하게 실시한다.

자극부위

- 대흉근(Pectoralis major)
  삼각근(Deltoid)
  상완삼두근(Triceps brachii)

CHEST PRESS

실시방법

1. 의자에 등을 덴 후 머신의 핸들을 잡는다.
2. 벤치 프레스와 동일하게 반복 수행한다.

주의사항

1. 팔을 곧게 밀어 올리고, 손목이나 팔꿈치가 굽혀지지 않도록 주의한다.

자극부위

- 대흉근(Pectoralis major)
  삼각근(Deltoid)
  상완삼두근(Triceps brachii)

INCLINE PRESS

실시방법

1. 인클라인 벤치에 등을 기대고, 바벨을 어깨너비 보다 조금 넓게 잡는다.
   (와이드그립)
2. 숨을 들이 마시면서 쇄골 위쪽 부위까지 내린다.
3. 숨을 내쉬며 팔을 서서히 뻗어 바벨을 밀어 올린다.
4. 반복하여 수행한다.

주의사항

1. 허리가 들리지 않도록 주의한다.

자극부위

- 대흉근(Pectoralis major)
  삼각근(Deltoid)
  상완삼두근(Triceps brachii)

DECLINE PRESS

실시방법

1. 디클라인 벤치에 등을 기대고, 바벨을 어깨너비 보다 조금 넓게 잡는다.
   (와이드 그립)
2. 숨을 들이 마시면서 대흉근 아래 부위까지 내린다.
3. 숨을 내쉬며 팔을 서서히 뻗어 바벨을 밀어 올린다.
4. 반복하여 수행한다.

주의사항

1. 팔을 곧게 밀어 올리며, 손목이나 팔꿈치가 굽혀지지 않도록 주의 한다.
2. 바벨을 경사도가 완만하게 수직으로 내린다.

자극부위

- 대흉근 아래쪽(Pectoralis major)
  삼각근(Deltoid)
  상완삼두근(Triceps brachii)

DUMBBELL FLY

실시방법

1. 벤치에 누워 양발을 벤치 위나 바닥에 가지런히 붙인다.
2. 숨을 들이 마시며 양팔을 천천히 좌우로 벌려, 덤벨이 몸과 수평이 될 때까지 내린다.
3. 숨을 내쉬며 덤벨이 반원을 그리도록 모으며 대흉근을 수축시킨다.

주의사항

1. 팔꿈치에 무리가 가지 않을 정도의 바벨무게를 선택한다.
2. 상해를 입지 않기 위해 긴장을 내릴 때 긴장을 늦추지 않는다.
3. 팔을 내렸을 때 팔꿈치의 높이와 각이 일정해야 한다.

자극부위

- 대흉근(Pectoralis major)
  삼각근 전면(Deltoid)

PEC DEC FLY

실시방법

1. 의자에 앉아 등을 붙이고 앉는다.
2. 핸들을 잡고 전완을 쿠션에 댄다.
3. 숨을 들이 마시면서 좌우로 팔을 벌린다.
4. 숨을 내쉬며 가슴 중앙에서 팔을 모아 1초간 가슴 근육을 수축한다.

주의사항

1. 쿠션에서 팔이 떨어지지 않게 주의하며 전완을 모두 사용하여 가슴을 수축시킨다.
2. 시트에서 등과 머리가 떨어지지 않도록 주의한다.

자극부위

- 대흉근(Pectoralis major)
  삼각근(Deltoid)

BARBELL OVERHEAD PRESS

실시방법

1. 벤치에 앉거나 발을 어깨 넓이로 선 상태에서 오버그립으로 바벨을 잡아 팔꿈치를 앞으로 하고 가슴 앞에서 자세를 잡는다.
2. 숨을 내쉬며 팔을 서서히 뻗어 바벨을 위쪽으로 밀어 올린다.
3. 숨을 들이 마시면서 손의 높이가 턱 높이와 평행하도록 내린다.

주의사항

1. 허리가 굽어지거나 배가 나오지 않도록 한다.
2. 팔꿈치가 앞뒤로 넘어가지 않게 수직하방으로 내린다.

자극부위

- 삼각근(Deltoid)
  상완삼두근(Triceps brachii)
  승모근(Trapezius)

DUMBBELL OVERHEAD PRESS

실시방법

1. 덤벨을 쥐고 상완이 지표면과 평행하고 전완과 수직이 되도록 자세를 잡는다.
2. 바벨 오버헤드 프레스와 동일하게 동작을 수행한다.

주의사항

1. 허리가 굽어지거나 배가 나오지 않도록 한다.
2. 팔꿈치가 앞, 뒤로 넘어가지 않게 수직하방으로 내린다.
3. 덤벨이 흔들리지 않도록 유의한다.

자극부위

- 삼각근(Deltoid)
  상완삼두근(Triceps brachii)
  승모근(Trapezius)

OVERHEAD PRESS MACHINE

실시방법

1. 벤치에 앉아 오버 그립으로 핸들을 잡고 어깨 근처에서 준비한다.
2. 숨을 내쉬며 팔을 서서히 뻗어 핸들을 위쪽으로 밀어 올린다.
3. 숨을 들이 마시면서 손의 높이가 턱 높이와 평행하도록 내린다.

주의사항

1. 급하게 실시하지 말고 천천히 실시한다.
2. 팔꿈치를 과도하게 앞으로 내밀면 정확한 트레이닝이 되지 않는다.

자극부위

- 삼각근(Deltoid)
  상완삼두근(Triceps brachii)
  승모근(Trapezius)

BEHIND NECK PRESS

실시방법

1. 바벨을 넓게 잡고 팔을 편 상태로 준비한다.
2. 숨을 들이 마시면서 머리를 앞으로 숙이면서 바벨을 머리 뒤쪽으로 내린다.
3. 숨을 내쉬면서 천천히 위로 들어 올린다.

주의사항

1. 허리가 굽어지거나 배가 나오지 않도록 한다.
2. 팔꿈치가 앞, 뒤로 넘어가지 않게 수직하방으로 내린다.
3. 상해 방지를 위해 팔을 완전히 펴지 않도록 하며 손의 높이가 귀 아랫부분까지 내려가도록 한다.

자극부위

- 삼각근(Deltoid)
  상완삼두근(Triceps brachii)
  승모근(Trapezius)

FRONT ARM RAISE

실시방법

1. 발을 어깨너비로 편안하게 서서 오버 그립으로 덤벨을 잡아 손등이 전방을 향하도록 허벅지 앞쪽에서 준비한다.
2. 숨을 내쉬면서 어깨 높이보다 높게 덤벨을 앞으로 들어올린다.
3. 숨을 들이 마시면서 천천히 허벅지에 닿지 않게 아래로 내린다.

주의사항

1. 반동을 주지 않는다.
2. 내릴 때 급하게 힘을 풀어 내리지 않고 긴장을 유지하면서 내린다.

자극부위

- 삼각근 앞 부위(Deltoid)

LATERAL RAISE RAISE

실시방법

1. 발을 어깨 넓이로 선 다음 허리를 바로 선 자세에서 오버 그립으로 덤벨을 잡고 양 허벅지 옆에서 덤벨을 들고 자세를 잡는다.
2. 숨을 내쉬면서 덤벨을 어깨보다 높이 들어 올린다.
3. 숨을 들이 마시면서 덤벨이 허벅지에 닿지 않게 천천히 내린다.

주의사항

1. 반동을 주지 않는다.
2. 내릴 때 급하게 힘을 풀어 내리지 않고 긴장을 유지하면서 내린다.

자극부위

- 삼각근 가운데 부위(Deltoid)

UPRIGHT ROWING

실시방법

1. 발을 어깨너비로 편안하게 서서 내로우 그립으로 좁게 쥐고, 몸 앞쪽으로 자세를 잡는다.
2. 숨을 내쉬면서 바벨을 턱 아래까지 들어올린다. 이때 팔꿈치의 높이가 귀 높이와 같도록 한다.
3. 숨을 들이 마시면서 원래의 위치로 내린다.

주의사항

1. 들어 올릴 때는 삼각근의 긴장을 유지하며 천천히 실시하고, 바벨을 내린 자세에서는 가슴근육에 집중한다.

자극부위

- 삼각근 앞 부위(Deltoid)

DUMBBELL SHRUGS

실시방법

1. 덤벨을 쥐고 발을 어깨너비로 편안하게 서서 준비한다.
2. 어깨를 움츠리며 위쪽으로 끌어당긴다.

주의사항

1. 등과 손목을 곧게 편 채 실시하며, 목이 앞뒤로 움직이지 않도록 한다.

자극부위

- 승모근 상부(Trapezius descending part)

2) 상지

STANDING BARBELL CURLS

실시방법

1. 바를 어깨너비보다 약간 넓게 언더 그립으로 쥐고 선 서 준비한다.
2. 팔꿈치를 완전히 편 상태로 바를 대퇴 앞에 위치시킨다.
3. 숨을 내쉬면서 팔꿈치를 구부리며 어깨를 향해 원을 그리듯 올린다.
4. 숨을 들이마시며 천천히 내린다.

주의사항

1. 허리와 손목을 곧게 고정하고 팔꿈치를 고정 시킨다.
2. 반동을 주지 않는다.

자극부위

- 상완이두근(Biceps brachii)
  상완근(Brachialis)

SEATED DUMBBELL CURLS

실시방법

1. 양손에 덤벨을 잡고 벤치에 앉는다.
2. 허리를 세우고 덤벨을 한쪽씩 숨을 내 쉬며 들어올린다.
3. 숨을 들이 마시며 천천히 내린다.

주의사항

1. 허리와 손목을 곧게 고정하고 팔꿈치를 고정 시킨다.
2. 반동을 주지 않는다.

자극부위

- 상완이두근(Biceps brachii)
  상완근(Brachialis)

CONCENTRATION CURLS

실시방법

1. 벤치 끝에 어깨너비 보다 넓게 무릎 각이 90°가 되도록 앉는다.
2. 한 팔씩 수행하며 덤벨을 든 팔의 팔꿈치가 허벅지 안쪽에 견착하고, 다른 팔은 무릎에 얹어 균형을 잡는다.
3. 팔꿈치를 굽혀 가슴까지 덤벨을 끌어올린다. 이때 상완이두근에 집중하며 수행한다.

주의사항

1. 덤벨이 수평으로 올라오도록 한다.
2. 상체를 과하게 숙이지 않도록 한다.
3. 반동을 주지 않는다.

자극부위

- 상완이두근(Biceps brachii)
  상완근(Brachialis)

LYING TRICEPS EXTENSION

실시방법

1. 벤치에 등을 붙이고 눕는다.
2. 가슴 팔과 몸이 직각이 되도록 뻗는다.
3. 팔꿈치를 굽혀 이마에 닿을 때까지 조심스럽게 바벨을 낮춘다.

주의사항

1. 팔꿈치가 많이 벌어지지 않게 일정한 간격을 유지한다.

자극부위

- 상완삼두근(Triceps brachii)

E-Z BAR OVERHEAD EXTENSION

실시방법

1. E-Z바를 잡고 머리 위로 들어 올려 준비한다.
2. 상완은 고정하고 전완을 머리 뒤로 넘긴다.

주의사항

1. 팔꿈치를 고정하여 간격이 벌어지지 않도록 한다.

자극부위

- 상완삼두근(Triceps brachii)

ONE-ARM DUMBBELL EXTENSION

실시방법

1. 덤벨을 한손에 잡고 머리 위로 들어 올리고 다른 손으로 팔꿈치를 잡아 고정하여 준비한다.
2. 상완은 고정하고 전완을 머리 뒤로 넘긴다.

주의사항

1. 팔꿈치가 많이 벌어지지 않게 일정한 간격을 유지한다.

자극부위

- 상완삼두근(Triceps brachii)

PUSH DOWN

실시방법

1. 머신 앞에 서서 바를 오버핸드 그립으로 잡고 팔꿈치를 몸통에 붙인 상태로 준비한다. 이때 상체를 약간 앞으로 숙인다.
2. 팔꿈치를 고정한 상태로 바를 아래로 당긴다.

주의사항

1. 팔꿈치를 고정한다.
2. 몸에 반동을 주지 않지 않는다.

자극부위

- 상완삼두근(Triceps brachii)
  상완요골근(Brachioradialis)

TRICEPS DIPS

실시방법

1. 두 팔을 벤치 끝에 잡고 다리를 앞으로 뻗은 상태에서 준비한다.
2. 체중을 이용하여 팔꿈치를 굽힌 후 편다.

주의사항

1. 팔꿈치를 고정한다.
2. 몸을 앞으로 굽이지 않게 고정하여 운동한다.

자극부위

- 상완삼두근(Triceps brachii)
  상완요골근(Brachioradialis)

WRIST CURL

실시방법

1. 벤치 위에 전완을 엎어 고정한 후 언더 그립으로 덤벨을 쥐고 준비한다.
2. 손목의 힘만을 이용하여 감아올리듯 덤벨을 든다.

자극부위

- 요측 수근 굴근(Flexor carpi radialis)
  척측 수근 굴근(Flexor carpi ulnaris)

REVERSE WRIST CURLS

실시방법

1. 벤치 위에 전완을 엎어 고정한 후 오버그립으로 덤벨을 쥐고 준비한다.
2. 손목의 힘만을 이용하여 손등을 몸 쪽으로 당기 듯 덤벨을 든다.

자극부위

- 장요측 수근 신근(Extensor carpi radialis longus m.)
  단요측 수근 신근(Extensor carpi radialis brevis m.)
  척측 수근 신근(Extensor carpi ulnaris)

3) 등

CHIN-UP

실시방법

1. 바를 오버핸드그립으로 넓게 잡고 매달린 상태로 준비한다.
2. 가슴을 바 높이만큼 올린다.

주의사항

1. 반동을 이용하지 않는다.

자극부위

- 광배근(Latissimus dorsi m.)
  상완삼두근(Biceps brachii)
  대원근(Teres major)

LAT PULL DOWN

실시방법

1. 머신에 앉아 다리를 고정하고 바를 오버핸드 그립으로 넓게 잡은 상태에서 준비한다.
2. 광배근에 집중하면서 바를 가슴까지 당긴다. (이때 상체가 약간 뒤로 움직이며 수행해도 된다.)

주의사항

1. 광배근에 최대한 집중한다.
2. 바를 위롤 올릴 때 서서히 올린다.

자극부위

- 광배근(Latissimus dorsi m.)
  상완삼두근(Biceps brachii)
  대원근(Teres major)

ONE-ARM DUMBBELL ROWS

실시방법

1. 벤치에 사진과 같이 한쪽 무릎을 데고 팔로 상체를 지지한 상태에서 덤벨을 잡고 준비한다.
2. 팔꿈치를 최대한 들어올린다.

주의사항

1. 상완이 몸통을 타고 올라가도록 수행한다.
2. 팔이 아닌 등을 수축시킨다.

자극부위

- 광배근(Latissimus dorsi m.)
  상완이두근(Biceps brachii)
  대원근(Teres major)
  승모근(Trapezius)

BARBELL BENT ROWS

실시방법

1. 상체와 무릎을 조금 굽힌 상태에서 바벨을 어깨너비보다 조금 넓게 오버핸드그립으로 잡은 상태에서 준비한다.
2. 가슴을 내밀고 바가 대퇴사두근 위를 미끄러지듯이 당긴다.

주의사항

1. 광배근에 최대한 집중한다.
2. 허리를 넣고 등을 둥글게 굽히지 않는다.

자극부위

- 광배근(Latissimus dorsi m.)
  상완이두근(Biceps brachii)
  대원근(Teres major)
  능형근(Rhomboideus)

DUMBBELL BENT ROWS

실시방법

1. 상체와 무릎을 조금 굽힌 상태에서 덤벨을 어깨너비보다 조금 넓게 오버핸드그립으로 잡은 상태에서 준비한다.
2. 가슴을 내밀고 덤벨을 대퇴사두근 위를 미끄러지듯이 당긴다.

주의사항

1. 대퇴사두근에 최대한 집중한다.
2. 허리를 넣고 등을 굽히지 않는다.

자극부위

- 광배근(Latissimus dorsi m.)
  상완이두근(Biceps brachii)
  대원근(Teres major)
  능형근(Rhomboideus)

DEADLIFTS

실시방법

1. 발을 어깨너비로 벌리고 서서 바를 오버핸드그립으로 어깨 너비만큼 손을 벌려 바벨을 잡는다.
2. 팔은 펴고 머리는 곧게 들고 가슴을 넣고 무릎은 구부린다.
3. 다리와 팔꿈치에 힘을 주고, 가슴은 내밀면서 등은 펴면서 곧게 일어선다.

주의사항

1. 허리를 넣어 둥글게 굽혀지지 않도록 한다.
2. 허리에 자극이 가지 않도록 한다.
3. 상해의 위험을 줄이기 위해 자신이 들 수 있는 중량을 정확히 알고 수행한다.

자극부위

- 대퇴사두근(Quadriceps)
  슬괵근(Hamstring)
  대둔근(Gluteus maximus)
  광배근(Latissimus dorsi)
  승모근(trapezius)

BACK EXTENSIONS

실시방법

1. 로만체어에 발목을 고정하고 상체를 숙인 후 손을 모아 가슴에 붙이거나 목뒤에 가볍게 얹어 준비한다.
2. 상체가 하체와 수평이 되도록 일어선다.

주의사항

1. 천천히 수행한다.
2. 허리에 집중하며 수행한다.

자극부위

- 척추기립근(Erector spinae)
  대둔근(Gluteus maximus)
  대퇴이두근(Hamstring)

UPRIGHT ROWS

실시방법

1. 다리를 어깨너비만큼 벌리고 서서 바벨을 오버 핸드 그립으로 잡아 대퇴사두근 앞에 바가 오도록 하여 준비한다.
2. 숨을 들이마시며 팔을 수평으로 가슴 상부까지 올린다.

주의사항

1. 반동을 이용하지 않는다.
2. 천천히 수행한다.
3. 허리를 굽히지 않는다.

자극부위

- 승모근(Trapezius)
  삼각근(Deltoid)

4) 하지

BARBELL SQUAT

실시방법

1. 바벨을 머리 뒤로 넘겨 편안할 정도의 너비로 바를 잡고 서서 준비한다.
2. 숨을 내 시며 무릎과 허벅지가 90°가 되도록 내려온다.
3. 숨을 마시며 하체의 힘으로만 바벨을 들어 올린다.

주의사항

1. 허리를 곧게 펴고 직각이 될 때 까지만 내린다.
2. 허리에 무리가 갈수 있으므로 벨트를 이용해 허리를 보호한다.
3. 상해를 피하기 위해 무릎이 발끝보다 더 나오지 않도록 한다.

자극부위

- 대퇴사두근(Quadriceps)
  대둔근(Gluteus maximus)
  대퇴이두근(Hamstring)

FRONT SQUAT

실시방법

1. 바벨을 쇄골 위에서 편안할 정도의 너비로 바를 잡고 서서 준비한다.
2. 숨을 내 쉬며 무릎과 허벅지가 90°가 되도록 내려온다.
3. 숨을 마시며 하체의 힘으로만 바벨을 들어 올린다.

주의사항

1. 허리를 곧게 펴고 직각이 될 때 까지만 내린다.
2. 허리에 무리가 갈수 있으므로 벨트를 이용해 허리를 보호한다.
3. 상해를 피하기 위해 무릎이 발끝보다 더 나오지 않도록 한다.

자극부위

- 대퇴사두근(Quadriceps)
  대둔근(Gluteus maximus)
  대퇴이두근(Hamstring)

LEG PRESS

실시방법

1. 벤치에 누워 등을 밀착 시킨 후 발을 발판에 평행하게 밀착 시킨 후, 안전장치를 풀고 손잡이를 잡고 준비한다.
2. 숨을 들이 마시며 대퇴부가 상체에 가깝게 되도록 당긴다.
3. 숨을 내쉬며 발판을 밀어낸다.

주의사항

1. 발의 위치에 따라 단련 부위가 달라진다.

자극부위

- 위 쪽 - 대둔근(Gluteus maximus)
  대퇴이두근(Hamstring)
- 아래쪽 - 대퇴이두근(Hamstring)
- 넓 게 - 대내전근(Adductor magnus)
- 좁 게 - 대퇴사두근(Quadriceps)

LEG EXTENSION

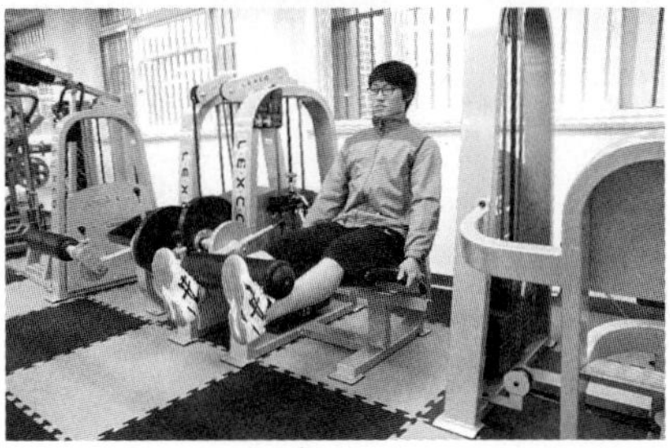

실시방법

1. 벤치에 앉아 손잡이를 잡고 패드에 발목을 걸고 준비한다.
2. 숨을 내 쉬며 다리를 곧게 올리고 최고 정점에서 잠시 멈춘다.
3. 숨을 들이 마시며 긴장을 유지한 상태로 내린다.

주의사항

1. 대퇴사두근에 집중하면서 내린다.
2. 내릴 땐 완전히 내리지 않고 긴장을 유지한다.

자극부위

- 대퇴사두근(Quadriceps)

LEG CURL

실시방법

1. 벤치에 엎드려 손잡이를 잡고 패드 아래에 발목을 고정하고 준비한다.
2. 숨을 내쉬며 다리를 동시에 들어 올린다.
3. 숨을 들이 마시며 다리를 내린다.

주의사항

1. 대퇴이두근에 집중하면서 내린다.
2. 내릴 땐 완전히 내리지 않고 긴장을 유지한다.

자극부위

- 대퇴이두근(Hamstring)

STANDING CALF RAISE

실시방법

1. 어깨를 패드 아래 고정하고 허리를 꼿꼿이 세우고 발판에 앞꿈치를 고정하고 선 자세에서 준비한다.
2. 뒷꿈치를 최대한 들어 올린다.

주의사항

1. 무릎이 구부러지지 않도록 한다.

자극부위

- 비복근(Gastrocnemius)
  가자미근(Soleus)
  족척근(Plantaris)

SEATED DUMBBELL CALF RAISE

실시방법

1. 벤치에 앉아 무릎을 직각으로 플레이트 위에 앞꿈치를 고정하고 무릎 위에 덤벨을 잡고 준비한다.
2. 뒷꿈치를 최대한 들어 올린다.

주의사항

1. 허리가 굽혀지지 않도록 한다.
2. 종아리의 힘만을 이용하도록 집중하며 수행한다.

자극부위

- 비복근(Gastrocnemius)
  가자미근(Soleus)
  족척근(Plantaris)

LEG PRESS CALF RAISE

실시방법

1. 벤치에 누워 등을 밀착 시킨 후 발을 발판의 아래쪽에 앞꿈치를 밀착 시킨 후, 안전장치를 풀고 손잡이를 잡고 준비한다.
2. 앞꿈치를 최대한 들어올린다.

주의사항

1. 무릎이 구부러지지 않도록 한다.

자극부위

- 비복근(Gastrocnemius)
  가자미근(Soleus)
  족척근(Plantaris)

LUNGE

실시방법

1. 바벨을 와이드 그립으로 잡고 목 뒤로 넘겨 어깨에 얹어 준비한다.
2. 가슴을 펴면서 한발을 앞으로 내딛는다. 이때, 뒤쪽 다리는 무릎을 굽혀 자세를 낮춘다.

주의사항

1. 허리가 굽혀지지 않도록 한다.

자극부위

- 대퇴사두근(Quadriceps)
  대둔근(Gluteus maximus)
  척추기립근(Erector spinae)
  대퇴이두근(Hamstring)

DUMBBELL LUNGE

실시방법

1. 덤벨을 잡고 선 상태에서 시작한다.
2. 런지와 같은 방법으로 실시한다.

주의사항

1. 허리가 굽혀지지 않도록 한다.

자극부위

- 대퇴사두근(Quadriceps)
  대둔근(Gluteus maximus)
  척추기립근(Erector spinae)
  대퇴이두근(Hamstring)

MACHINE KICK BACK

실시방법

1. 한쪽 다리로 몸을 지탱하고 다른 쪽 다리 발목 부분에 패드가 오게 한다.
2. 숨을 내쉬면서 다리를 뒤쪽으로 들어올린다. 이때, 최고 정점에서 잠깐 동안 긴장을 유지한다.
3. 숨을 들이 마시면서 원래의 자리로 돌아온다.

주의사항

1. 반동을 이용하지 않는다.

자극부위

- 대둔근(Gluteus maximus)

MACHINE ADDUCTION

실시방법

1. 머신에 앉아 손잡이를 잡고 종아리를 쿠션에 대고 앉은 상태에서 준비한다.
2. 넙다리에 집중하여 모아준다.

주의사항

1. 허리가 앞으로 굽혀지지 않도록 한다.

자극부위

- 단내전근(Adductor brevis)
  장내전근(Adductor longus)
  큰모음근(Adductor magnus)

5) 복근

CRUNCH

실시방법

1. 바닥에 무릎을 세우고 누워 양손은 머리 뒤에 대고 누워 준비한다.
2. 숨을 내쉬며 상체를 둥글게 감듯이 올라온다.(상체가 싯업처럼 올라오지 않고 복근에 긴장이 최대한 가게 말아 올린다.)
3. 숨을 들이 마시며 원래의 위치로 가되, 등이 바닥에 닿지 않도록 한다.

주의사항

1. 손으로 머리를 과도하게 당기지 않고 상체의 힘으로만 올라온다.
2. 복근에 긴장을 풀지 않고 계속 집중한다.

자극부위

- 복직근(Rectus abdominis)
  내복사근(Intermal abdominal oblique)
  외복사근(Extermal abdominal oblique)
  복횡근(Trans verse abdominal)

INCLINE BENCH SIT-UP

실시방법

1. 인클라인 벤치에 다리를 걸고 누워 양손을 머리 뒤에 대고 누운 자세에서 준비한다.
2. 숨을 내쉬며 상체를 무릎 쪽으로 올린다.
3. 숨을 들이 마시며 원래의 위치로 가되, 등이 벤치에 닿지 않도록 한다.

주의사항

1. 손으로 머리를 과도하게 당기지 않고 상체의 힘으로만 올라온다.
2. 복근에 긴장을 풀지 않고 계속 집중한다.

자극부위

- 복직근(Rectus abdominis)
  내복사근(Internal abdominal oblique)
  외복사근(External abdominal oblique)
  복횡근(Transverse abdominal)
  대퇴사두근(Quadriceps)

KNEE-UP

실시방법

1. 벤치 끝에 앉아서 양손으로 벤치를 잡고 무릎을 굽힌 상태에서 준비한다.
2. 숨을 내쉬며 복부를 수축하면서 무릎을 가슴 쪽으로 끌어당긴다.
3. 숨을 들이 마시며 원래의 위치로 돌아간다.

주의사항

1. 반동을 이용하지 않는다.
2. 천천히 자극이 최대로 갈 수 있게 복부에 집중하며 수행한다.

자극부위

- 복지근(Rectus abdominis)
  내복사근(Internal abdominal oblique)
  외복사근(External abdominal oblique)
  복횡근(Transverse abdominal)
  (하복근에 효과적)

REVERSE CRUNCH

실시방법

1. 벤치에 누워 머리 위에 바를 잡고 몸을 지지하고 준비한다.
2. 숨을 내쉬며 무릎을 약간 굽힌 상태에서 다리를 들어 올린다.
3. 숨을 들이 마시며 원래의 위치로 돌아간다.

주의사항

1. 반동을 이용하지 않는다.
2. 복근에 긴장을 풀지 않고 계속 집중한다.

자극부위

- 복직근(Rectus abdominis)
  내복사근(Internal abdominal oblique)
  외복사근(External abdominal oblique)
  복횡근(Transverse abdominal)
  (하복근에 효과적)

HIGH-PULLEY CRUNCH

실시방법

1. 무릎을 꿇고 앉아 케이블의 바를 목 뒤에서 잡은 상태로 준비한다.
2. 숨을 내 쉬며 상체를 숙인다.
3. 숨을 들이마시며 원래의 위치로 돌아온다.

주의사항

1. 반동을 이용하지 않는다.
2. 천천히 자극이 최대로 갈 수 있게 복부에 집중하며 수행한다.
3. 몸을 숙일 때 허리가 펴진 상태가 아닌 복부를 둥글게 말면서 숙인다.

자극부위

- 복직근(Rectus abdominis)
  내복사근(Internal abdominal oblique)
  외복사근(External abdominal oblique)
  복횡근(Transverse abdominal)

DUMBBELL SIDE BEND

실시방법

1. 다리를 어깨너비로 자연스럽게 벌리고 한손은 머리 뒤에 놓고 다른 손으로는 덤벨을 잡는다.
2. 숨을 내쉬면서 상체를 옆으로 굽힌다.
3. 처음의 자세로 돌아오거나 반대로 더 기울여도 무관하다.

주의사항

1. 반동을 이용하지 않는다.
2. 복근에 긴장을 풀지 않고 계속 집중한다.
3. 몸이 앞, 뒤로 기울어 지지 않게 좌, 우로만 움직이도록 한다.

자극부위

- 복직근(Rectus abdominis)
  내복사근(Internal abdominal oblique)
  외복사근(External abdominal oblique)
  복횡근(Transverse abdominal)
  (측면 복근에 효과적)

TRUNK TWIST

실시방법

1. 벤치에 앉거나 편안하게 서서 바를 목 뒤로 하여 잡고 준비한다.
2. 상체를 좌우로 회전시킨다.

주의사항

1. 반동을 이용하지 않는다.
2. 천천히 자극이 최대로 갈 수 있게 복부에 집중하며 수행한다.
3. 골반이 움직이지 않도록 고정한 상태에서 수행한다.

자극부위

- 복직근(Rectus abdominis)
  내복사근(Internal abdominal oblique)
  외복사근(External abdominal oblique)
  복횡근(Transverse abdominal)
  (측면 복근에 효과적)

HANGING LEG RAISE

실시방법

1. 친업 바에 매달린다.
2. 숨을 들이 마시며 척추를 둥글게 감으면서 다리를 최대한 높게 들어올린다.
3. 숨을 내쉬면서 다리를 내린다.

주의사항

1. 반동을 이용하지 않는다.
2. 몸이 흔들리지 않게 주의하여 수행한다.
3. 복근에 긴장을 풀지 않고 계속 집중한다.

자극부위

- 복직근(Rectus abdominis)
  내복사근(Internal abdominal oblique)
  외복사근(External abdominal oblique)
  복횡근(Transverse abdominal)

2. 필라테스

1) Form Roller를 이용한 필라테스

양팔 들기

실시방법

1. 양팔이 어깨와 수평이 된 상태에서 숨을 들이마시면서 양팔을 들어올리고 (올릴 수 있는 범위 까지만 올린다) 제자리로 돌아온다.
2. 8회 실시한다.

주의사항

1. 팔을 너무 많이 들어 올리려 하여 가슴이 들리거나 허리가 뜨지 않아야 한다.

자극부위

1. 어깨관절 움직임의 부드러움을 자연스럽게 만들어 준다.

양 다리 들기

실시방법

1. 숨을 들이마시면서 구부린 상태의 무릎을 골반과 수직이 되는 상태로 들어올린다. 숨을 내쉬면서 제자리로 돌아온다.
2. 8회 실시한다.

주의사항

1. 다리를 들어 올릴 때 허리가 들리면 안 된다.

자극부위

1. 중심부에 집중하는 근육들과 몸의 균형을 유지하는 신경을 자극한다.

죽은 벌레

실시방법

1. 준비자세는 한쪽 팔과 반대쪽 다리를 수직이 되게 들고 기다린다.
2. 숨을 내쉬면서 팔과 다리가 교차하게 뻗은 후 숨을 들이마시면서 준비자세로 돌아오는 것을 반복한다.
3. 8회 실시한다.

주의사항

1. roller위에서 흔들리지 않게 허리뼈로 roller를 누르는 듯한 힘을 주어야 하며, 팔과 다리가 흔들리지 않게 한다.

자극부위

1. 팔과 다리의 움직임의 능력을 향상시키고 복부의 긴장을 유지함으로써 얻는 상체중심의 안정화를 만들어 낸다.

상체 들기

실시방법

1. 숨을 들이마시면서 팔을 어깨와 나란히 하고 숨을 내쉬면서 상체의 견갑골 하각까지 들어 올린다.
2. 숨을 들이마시면서 제자리로 돌아온다.
3. 8회 실시한다.

주의사항

1. 상체를 들어 올릴 때 턱이 앞으로 빠지지 않도록 자세를 유지할 수 있어야 한다.

자극부위

1. 주로 상복부가 강화되지만 균형을 유지하기 위해 하지와 전체 복근도 강화된다.

다리 돌리기

실시방법

1. 숨을 들이마시면서 수직으로 다리를 들어 올린 후 숨을 내쉬면서 밖으로 다리를 돌리는데 원이 크지 않게 지름이 60cm정도의 원으로 그린다.
2. 4회는 각각의 다리, 4회는 반대 방향(안쪽)으로 실시한다.

주의사항

1. 다리를 돌릴 때 반대쪽 방향의 골반이 들리거나 엉덩이가 심하게 떨어지면 안 된다. 다리가 심하게 땅으로 떨어져도 안 된다

자극부위

1. 고관절의 움직임을 활성화시키고 표면에서 중심을 잡기위해 복근이 주로 쓰이며 다리를 돌리기 위해 엉덩이와 허벅지 근육이 쓰인다.

다리내리기

실시방법

1. 숨을 들이마시면서 편하게 수직으로 다리를 세운 후 숨을 내쉬면서 다리를 30~40도 정도로 내린다.
2. 8회 실시한다.

주의사항

1. 반드시 지켜야 할 사항은 허리가 roller에서 떨어지면 안 된다.
2. 양발은 모으고 실시한다.

자극부위

1. 중심을 잡기위해 척추를 잡아주는 근육과 복부전체근육 그리고 허벅지와 엉덩이 근육이 쓰인다.

개구리 다리

실시방법

1. 숨을 들이마시면서 다리를 그림과 같이 접어 올린다.
2. 숨을 내쉬면서 벽을 미는 듯 무거운 느낌으로 천천히 다리를 쭉 편다.
3. 숨을 들이마시면서 준비자세로 돌아온다.
4. 8회 실시한다.

주의사항

1. 엉덩이뼈에서 roller가 떨어지지 않도록 한다.
2. 다리는 무릎이 튕겨져 나가듯이 펴지지 않게 허벅지에 힘을 주고 천천히 밀면서 편다.

자극부위

1. 허벅지 안쪽과 엉덩이 근육에 중심을 주며 중심을 잡기위해 복부근육을 사용한다.

가위 젓기

실시방법

1. 양다리를 곧게 세우고 다리의 각이 같도록 유지하며 다리를 차는 동작을 실시한다.

주의사항

1. 허리의 중심이 흐트러지지 않게 복부에 힘을 주고 실시한다.

자극부위

1. 복부와 허벅지 전체의 기능을 강화시킨다.

허벅지 안쪽 늘이기

실시방법

1. 엉덩이뼈 밑에 roller를 둔 다음 허리에 힘을 뺀다. 숨을 내쉬면서 허리를 들어 올리면 허벅지 안쪽이 늘어나는 느낌이 든다.

주의사항

1. 다리는 충분히 넉넉하게 공간을 확보하고 한다.

자극부위

1. 앞에서 운동한 다리 근육들을 충분히 이완시킨다.
2. 경우에 다라 양다리를 좌우로 길게 뻗을 수도 있다.

날개 뼈 움직이기

실시방법

1. 숨을 들이마시고 내쉬면서 양팔을 최대한 위로 올리는데 어깨를 올리기 보다는 견갑골을 위로 올린다고 상상하면서 올린다.
2. 8회 실시한다.

주의사항

1. 어깨를 올린다고 생각하면 승모근이 쓰이는데 견갑골을 올린다고 생각하여 이에 쓰이는 근육을 사용하여야 한다.

자극부위

1. 승모근과 삼각근과 원근 등 견갑골에 부착부위를 두고 있는 근육들의 움직임을 원활하게 한다.

한 쪽팔 밀고 넘기

실시방법

1. 옆으로 반듯하게 누운 상태에서 척추의 중심은 최대한 흐트러지지 않고 어깨를 앞으로 내밀면서 견갑골을 최대한 몸 밖으로 밀어낸다.
2. 4회 실시한다.

주의사항

1. 중심이 흐트러지지 않도록 한다.

자극부위

1. 대원근, 소원근, 대능형근, 소능형근, 견갑하근의 기능들을 활성화시킨다.

팔 돌리기

실시방법

1. 가볍게 주먹을 쥐고 팔을 최대한으로 크게 돌린다.
2. 4회는 양팔, 4회는 양방향으로 실시한다.

주의사항

1. 과도하게 실시하면 중심을 잃을 수 있으니 적절하게 실시한다.

자극부위

1. 어깨관절에 관여하는 근육들과 어깨관절근육의 유연성을 도와준다.

뒷통수뼈 마사지

실시방법

1. 호흡은 편안하게 하고 좌우로 고개를 돌리면서 뒷머리 아래쪽에 뭉친 부위가 있으면 10초정도 가만히 눌러준다.

주의사항

1. 턱이 들리거나 너무 가슴에 붙지 말고 시선을 전방 45도 아래로 두고 눌러준다.

자극부위

1. 뒤통수 뼈를 부착시키는 근육들은 이 동작을 수행함으로 이완시키고 마사지를 하는 효과를 볼 수 있다.

가슴 늘리기

실시방법

1. 척추를 말아서 시선은 다리 사이를 보고 숨을 내쉬면서 머리를 뒤로 넘기면서 가슴을 펴준다.
2. 4회 실시한다.

주의사항

1. 중심이 흐트러지지 않게 복부와 다리에 힘을 조금 주고, 양 팔꿈치는 상체를 폈을 때 최대한 바닥을 향하게 한다.

자극부위

1. 가슴근육과 늑골 사이 근육과 횡경막, 복직근 등 상체 앞면에 위치한 근육들을 늘여준다.

척추 마사지

실시방법

1. 엉덩이가 바닥에서 떨어지지 않게 하고 팔은 가슴 앞으로 모으고 다리의 굴신 운동을 하면서 roller가 등 전체를 움직이면서 마사지를 한다.
2. 8회 실시한다.

주의사항

1. 너무 아래로 가거나 너무 위로 올라가지 않게 스스로의 범위를 잘 잡으며 무릎은 벌어지거나 붙지 않게 11자를 유지한다.

자극부위

1. 등 전체 근육들의 이완과 자세유지를 위해 엉덩이와 복부근육전체가 쓰인다.

엉덩이 마사지

실시방법

1. 무릎을 직각으로 굽힌 후 좌우로 눕히는데 많이 굽히는 것이 아니라 roller위에 소둔근이 눌려서 시원함을 느끼는 부분에서 정지한다.
2. 10초 동안 유지한다.

주의사항

1. 다리를 너무 많이 넘기면 엉덩이 마사지가 아니라 오히려 허리에 무리를 주게 된다.

자극부위

1. 소둔근과 중둔근, 대둔근 마사지 효과가 있다.

허리 및 고관절 늘이기

실시방법

1. 무릎은 11자로 만든 후 숨을 내쉬면서 양쪽다리를 한 방향으로 눕힌다.
2. 좌우 10초간 유지한다.

주의사항

1. 허리가 과도하게 돌아가면 무리가 됨으로 본인의 운동범위에 맞게 실시한다.

자극부위

1. 허리와 골반 고관절의 유연성 증가와 운동시작 전, 시행시 상해예방 효과가 있다.

2) 필라테스 매트 동작

HUNDRED

실시방법

1. 준비 자세에서 팔이 올라갈 때 숨을 들이마시고, 내려오면서 숨을 내쉰다.
2. 이 동작을 빨리 반복하는데 5마시고 5번 내쉬면서 짧고 얕게 (흡흡흡흡흡~~후후후후후) 팔은 펌프동작을 하듯 눌러준다.

주의사항

1. 몸 전체가 움직이면 않도록 하며, 오로지 어깨관절인 팔에서 움직임이 일어나도록 한다.
2. 허리는 바닥에서 떨어지지 않게 한다.

자극부위

1. 자세 유지에 필요한 목, 어깨, 다리, 복부의 근육이 강화된다.

SINGLE-LEG STRETCH

실시방법

1. 시작은 위와 동일하며 한쪽 다리씩 밀어주면서 숨을 내쉰다.

주의사항

1. 무릎은 너무 많이 굽히지 않아도 되며 뻗어주는 다리는 무릎이 튕거지면 안 되고 반듯하게 펴되 다리를 밀어주는 느낌이 강해야 한다.

자극부위

1. 복부, 엉덩이, 허벅지, 목 주위의 근육이 주로 쓰이며 다리를 잡아주기 위해 보조적으로 팔 근육이 쓰인다.

DOUBLE-LEGS STRETCH

실시방법

1. 앞과 동일한 자세에서 숨을 내쉬며 양팔과 두 다리를 각각의 방향으로 뻗어 준다.
2. 숨을 들이마시면서 제자리로 돌아온다.

주의사항

1. 팔과 다리를 뻗었을 때 허리가 바닥에서 떨어지지 않도록 한다.
2. 허리가 뜰 경우 허리에 부상을 입을 수 있다.

자극부위

1. 복부전면과 다리 어깨 관절과 근육을 강화시킨다.

SINGLE-LEG KICK

실시방법

1. 한쪽 다리 씩 곧게 뻗은 상태에서 위 아래로 움직여 주며 아래로 뻗은 다리는 바닥에 닿지 않도록 살짝 띄운다.

주의사항

1. 무릎이 펴지지 않는 사람은 살짝 구부린 상태로 진행을 하되 어깨가 귀 쪽으로 올라가는 것을 막고, 팔은 옆구리에서 떨어지게 한다.

자극부위

1. 허벅지의 유연성강화와 고관절의 움직임 그리고 복부로 다리를 조절하는 능력을 길러준다.

SIDE BEND

실시방법

1. 그림과 같은 자세에서 숨을 들이마시고 내쉬면서 팔과 다리를 펴 준다.
2. 엉덩이가 바닥으로 쳐지지 않게 하고, 팔꿈치는 부드럽게 구부려서 몸 전체가 활처럼 휘어지게 한다.
3. 양쪽 4회 실시한다.

주의사항

1. 이 동작을 하다보면 바닥에 지지하는 어깨가 귀를 향해 올라가기 마련인데 어깨의 균형은 반드시 유지하고 복부에 힘을 주어 동작을 마무리한다.

자극부위

1. 전체동작을 시행하기 위해 어깨관절의 강화된다.
2. 몸의 전반부와 후반부 근육의 조절능력이 향상된다.
3. 엉덩이와 복부에 자극을 받게 된다.

SIDE KICK

실시방법

1. 그림과 같은 자세에서 숨을 들이마시면서 다리를 가슴을 향해 들어 올리고 뱉으면서 다리를 뒤로 뻗어 준다.
2. 양쪽 8회 실시한다.

주의사항

1. 다리를 올릴 때 엉덩이가 뒤로 빠지지 않도록 주의한다.
2. 다리를 뒤로 뻗을 때 가슴이 앞으로 빠지지 않도록 주의한다.

자극부위

1. 상체유지를 위한 어깨 근육과 복부와 엉덩이를 중점으로 하며 움직이는 동작을 함으로서 고관절의 유연성을 증가한다.

STAR

실시방법

1. 한 팔로 몸을 지탱하며 그림과 같이 준비한다.
2. 몸에 긴장을 유지하며 숨을 내쉬면서 팔과 다리를 들어준다.
3. 숨을 들이마시면서 준비자세로 돌아간다.
4. 반대쪽을 실시한다.

주의사항

1. 엉덩이가 쳐지거나 어깨가 올라가지 않아야 한다.

자극부위

1. 어깨관절과 복부 그리고 작은 엉덩이 근육과 허벅지 근육들이 강하게 사용된다.

SWIMMING

실시방법

1. 엎드린 상태에서 양팔과 다리는 몸이 전체가 11자가 되게 펴서 뻗은 후 아래 위로 일정한 간격이 유지 될 수 있게 눌러준다.
2. 양쪽 20회 실시한다.

주의사항

1. 팔과 다리의 높이가 일정한 속도와 간격으로 유지 되어 움직여야 한다.

자극부위

1. 어깨관절과 고관절의 움직임이 동시에 일어나서 몸을 스스로 조절하는 능력을 키운다.

SWAN DIVE

실시방법

1. 엎드린 상태에서 양손의 위치가 귀 끝과 동일한 선에 맞추고 간격은 어깨넓이로 한 후 숨을 내쉬면서 머리를 시작으로 조금씩 상체를 들어 올린다.
2. 양쪽 4회 실시한다.

주의사항

1. 두덩뼈가 바닥에서 떨어지면 허리에 무리가 많이 생기므로 두덩뼈는 바닥에 붙는 범위까지만 시행한다.

자극부위

1. 굽혀진 가슴과 허리를 펴준다.

SINGLE-LEG KICK

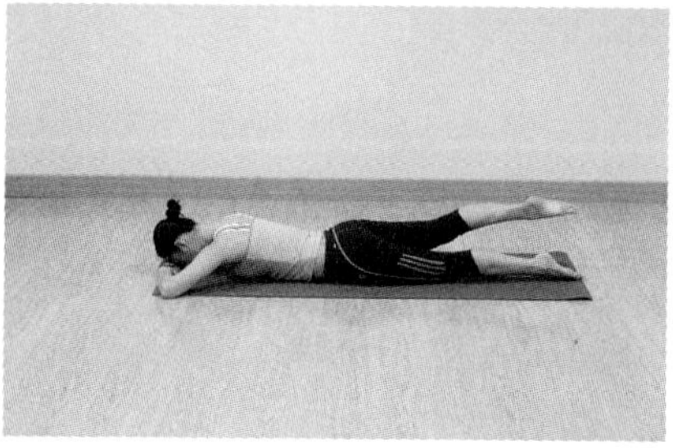

실시방법

1. 엎드린 상태에서 호흡을 마시면서 한 쪽다리를 엉덩이 쪽으로 당기듯이 킥을 2번 찬다.
2. 이때 발목은 꺾어주며 숨을 내쉬면서 다리는 펴서 살짝 들어준다.
3. 양쪽 8회 실시한다.

주의사항

1. 다리를 뒤로 당길 때 무릎이 튕겨져 나가듯이 하게 되면 무릎상해를 일으킬 수 있으므로 천천히 엉덩이와 발목에 고무줄이 달렸다고 생각하고 그 고무줄을 당겼다가 늘렸다가하는 상상을 하면서 실시한다.

자극부위

1. 엉덩이와 허벅지를 강화시키고 발목의 움직임 기능을 회복한다.

LEG FULL FRONT

실시방법

1. 팔굽혀펴기자세에서 엉덩이는 올리지 말고 몸을 사선으로 만든 후 한 쪽 다리씩 들어 올린다.
2. 숨을 내쉬면서 다리를 들어 올리고 숨을 들이마시면서 내리고 반대 다리를 들어올린다.
3. 양쪽 8회 실시한다.

주의사항

1. 허리가 아래로 처지거나 엉덩이가 위로 올라가거나 어깨가 올라가지 않게 몸의 균형을 바로 잡아 주는 것이 중요하다.

자극부위

1. 동작유지에 필요한 상, 하체 근육이 동시에 쓰이며 복부의 힘으로 중심을 잡고 엉덩이와 허벅지의 힘으로 들어 올리며 내려져있는 다리는 체중을 받으면서 등척성 운동을 한다.

Ⅳ

아동의 운동발달

1. 신체성장 프로그램
2. 자신감 향상 프로그램
3. 사회성 향상 프로그램
4. 기초체력 향상 프로그램

1. 신체성장 프로그램

1) 개요

성장판은 일반적으로 11세 정도에 닫히지만 그 이후에도 후천적 노력을 통해 키를 성장시킬 수 있으며 성장 혈과 판을 자극하는 다양한 성장판 자극운동과 체조로 성장촉진을 기대할 수 있다. 또한 올바른 영양 상태와 비만도 평가, 식습관, 생활습관, 외식습관 등을 고려한 체계적인 관리는 제1차, 제2차 성장기에 있는 우리 자녀들에게 희망이 될 것이다.

2) 성장호르몬의 중요성

(1) 운동

운동을 하면 성장호르몬 분비가 촉진된다. 성장호르몬은 최대 운동능력의 40% 운동 강도에서 증가하기 시작해, 70% 정도에서 최고로 분비된다. 따라서 스스로 조금 힘들다는 수준까지 운동 강도를 높여야 효과가 커진다.

(2) 수면

수면이 성장호르몬에 미치는 영향을 얘기할 때 가장 중요한 말은 '양보다 질'이라는 것이다. 성장호르몬은 '밤 10시～새벽 2시' 사이에 가장 많은 양이 분비된다.

또한 옅은 잠보다는 깊은 수면 단계에서 그 분비량이 증가한다.

(3) 영양

성장기 영양을 말할 때, 가장 많이 하는 말은 "골고루 먹어라"일 것이다. 키를 키우기 위한 영양 역시 이 말이 정답이다. 또 하나 강조하고 싶은 말은 "먹거리는 우리 것이 최고여!"이다. 이렇게 말하면 성장을 위한 영양 애기는 정리 된다. 첫째, 골고루 먹어라. 둘째, 우리 것을 먹어라. 셋째, 칼슘과 단백질의 섭취를 높여라.

그림 4-1 성장호르몬 분비에 영향을 주는 요인들

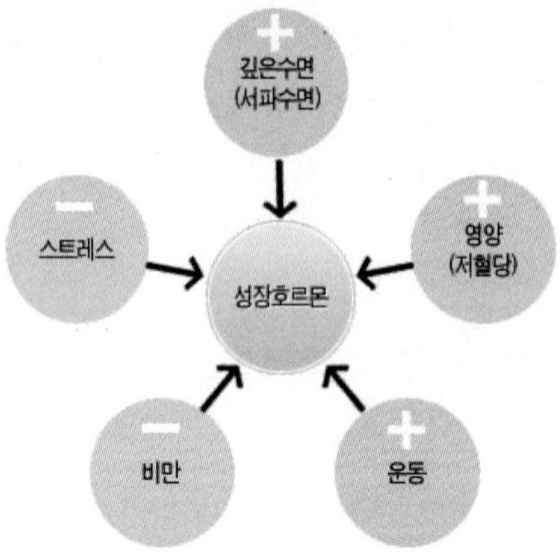

(4) 스트레스

피로하거나 스트레스를 받으면 몸에서 부신 피질 호르몬의 분비량이 증가한다. 이 호르몬은 성장호르몬을 억제하는 역할을 한다. 따라서 스트레스를 많이 받게 되면 성장호르몬의 분비는 억제된다.

(5) 비만

비만은 성장호르몬의 성장 기능을 축소시킬 뿐만 아니라, 분비량까지 줄게 한다. 결국 성장은 성장대로 못하고, 지방은 지방대로 분해를 못하는 상태에 빠지는 악순환이 발생한다.

3) 키를 키우기 위한 방법

키를 키우기 위한 방법으로 적극 추천되는 것은 바로 '식이요법 + 운동 + 생활 습관 수정'을 병행하는 방법이다.

(1) 키를 크게 하는 식생활 원칙

- ○ 골고루 먹되 단백질에 더 중점을 둔다.
- ○ 키 크는 5대 영양식품 : 우유, 정어리, 시금치, 당근, 귤
- ○ 인스턴트 음식, 청량음료는 성장을 막는다.

① 키 크기 식생활 상식 10가지

- ○ 밥은 천천히, 꼭꼭 씹는다.
- ○ 우유는 많이 마실수록 좋다(하루 두 잔은 필수).
- ○ 하루 세 끼는 규칙적으로 먹는다. 끼니를 거르거나 폭식을 하지 않는다.
- ○ 콜라, 사이다를 마시면 뼈가 약해진다.
- ○ 편식은 삼가야 한다. 편식은 영양 불균형의 주된 원인이다.
- ○ 식사를 하면서 TV나 책을 보는 습관은 고친다.
- ○ 자극적인 음식은 성인병이 원인이 되므로 되도록 피하는 것이 좋다.
- ○ 동물성 단백질 보다는 식물성 단백질을 먹는다.

- ○ 단백질, 칼슘, 비타민, 무기질, 당질, 지방 등 다섯 가지 영양소를 골고루 섭취한다.
- ○ 햄버거 피자, 치킨, 라면 같은 패스트푸드나 인스턴트식품은 열량에 비해 영양가는 매우 떨어진다.

(2) 키를 크게 하는 운동

운동을 하면 성장판이 자극되어 키의 성장을 촉진하는 효과가 있다. 또 골밀도를 높여 나이가 들어도 뼈가 약해지지 않게 된다.

- ○ 운동 ⇒ 운동 부위의 성장점 자극 ⇒ 자극의 뇌 전달 ⇒ 성장호르몬 분비 증가 ⇒ 칼슘흡수 증가 ⇒ 성장판 자극 ⇒ 성장
- ○ 운동 ⇒ 운동 부위의 근육과 인대 수축 및 이완 증가 ⇒ 근육 내 단백질 합성 증가 ⇒ 뼈의 길이와 함께 근육 증가
- ○ 운동 ⇒ 위의 두 현상으로 인해 궁극적으로 골밀도 증가 ⇒ 골절상 및 골다공증 예방

(3) 키를 키우기 위한 생활습관

- ○ 잘 먹고 잘 자고 잘 뛰어 논다.
- ○ 너무 조이는 복장은 피한다.
- ○ 신발은 발에 맞고 편한 것으로 신는다.
- ○ 잠자기 전 키 크기 체조를 한다.
- ○ 잠은 깊고 충분하게 잔다.
- ○ 겨울에는 다리보온에 힘쓴다.
- ○ 책상이나 식탁에 앉을 때 자세를 바로 잡아 앉는다.
- ○ 가끔씩 모래사장을 맨발로 걷거나 다리에 일광욕을 시켜 준다.
- ○ 푹신한 침대보다는 방바닥에 이불을 조금 두껍게 깔고 잔다.
- ○ 오래 서있거나 오래 앉아 있을 때는 틈틈이 양 다리의 위치를 높게 해 휴식을 취한다.

4) 성장 체조

Standing Stretching

달리기

운동방법

- 무릎을 높이 든다.
- 양팔을 크게 흔든다.

운동효과

- 심폐기능 강화
- 자세교정

일직선 만들기

운동방법

- 머리부터 발끝까지 일직선으로 만든다.
- 좌우 반복하여 실시한다.(연속 및 정지)

운동효과

- 자세교정 및 균형감각 강화

양손 위로 뻗쳐주기

운동방법

- 양손을 깍지를 끼고 귀 뒤로 곧게 펴준다.
- 발뒤꿈치는 바닥에 붙인다.(연속 및 정지)

운동효과

- 관절 및 근육 이완
- 자세교정

한손 위로 뻗쳐주기

운동방법

- 왼팔을 위로 뻗어준다.
- 발뒤꿈치는 바닥에 붙인다.
- 좌우 번갈아 실시한다.

운동효과

- 근육이완
- 자세교정

무릎 돌리기

운동방법

- 양손을 무릎을 잡고 좌로부터 돌려준다.
- 좌우 번갈아 실시한다.

운동효과

- 근육이완
- 무릎유연성 강화

무릎 눌러주기

운동방법

- 다리를 넓게 옆으로 벌린다.
- 왼손은 왼쪽다리를 펴서 눌러주고 오른손은 오른쪽다리에 대고 구부린다.
- 좌우 번갈아 실시한다.(연속 및 정지)

운동효과

- 고관절 유연성 강화
- 무릎관절 이완

몸 틀어 뒷다리 눌러주기

운동방법

- 양손은 허리에 대고 비틀어 허리를 눌러준다.

운동효과

- 고관절 이완
- 자세교정

양 무릎 눌러주기

운동방법

- 다리를 벌리고 구부린다.
- 양손을 무릎에 대고 왼쪽어깨를 앞으로 내밀면서 눌러준다.

밑으로 눌러주기

운동방법

- 양손을 깍지를 한다.
- 양손을 머리 뒤로하여 밑으로 눌러준다.

운동효과

- 경추이완

좌우 눌러주기

운동방법

- 왼쪽으로 눌러준다.
- 좌우 번갈아 실시한다.(연속 및 정지)

운동효과

- 승모근 이완

돌리기

운동방법

- 좌로부터 반원을 그려준다.
- 아래로 반원, 위로 반원을 나눠서 실시 한다.

운동효과

- 경추 이완
- 목부위 근육 이완

가슴 젖히기

운동방법

- 열중쉬어 자세에서 가슴을 앞으로 내민다.

옆구리 젖히기

운동방법

- 양손을 귀 뒤로 펴준다.
- 오른손은 귀에 붙여 왼손은 오른쪽 팔꿈치를 잡는다.
- 옆으로 숙여준다.
- 좌우 번갈아 실시한다.(연속 및 정지)

허리 젖히기

운동방법

- 상체를 숙여 양손 끝을 바닥에 대고 일어서서 양손을 허리에 받쳐 뒤로 젖힌다.

운동효과

- 허리근육강화

Sleep Stretching

온몸 늘리기

운동방법

- 손끝은 머리 위로 뻗히고 발끝은 밑으로 뻗힌다.

운동효과

- 자세교정
- 근육이완

무릎 당기기

운동방법

- 머리를 들고 한 다리씩 들어 올려 무릎을 굽혀 양손으로 잡아 가슴에 붙인다.
- 좌우 번갈아 실시한다.

운동효과

- 무릎관절 유연성 회복

다리 모아 흔들기

운동방법

- 양다리를 곧게 펴서 모은다.
- 양다리를 땅에 닿지 않게 들고 좌우로 흔들어 준다.
- 연속 및 정지

운동효과

- 미골을 자극
- 요통완화
- 척추교정

다리 젖히기

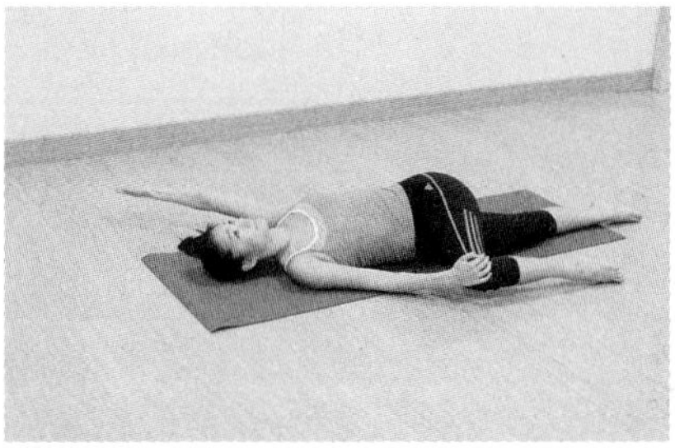

운동방법

- 왼쪽다리는 펴고 오른쪽다리는 굽힌다.
- 오른쪽 다리는 왼쪽 다리 넘어 왼손으로 오른쪽 무릎을 잡고 바닥에 붙인다.
- 좌우 번갈아 실시한다.

운동효과

- 옆구리 근육 신전
- 척추교정 회복

발끝 머리 뒤로 넘기기

운동방법

- 두 다리를 모으고 머리 뒤로 넘긴다.
- 발끝을 바닥에 붙인다.

운동효과

- 경추와 허리 유연성 강화

어깨 물구나무서기

운동방법

- 발끝을 위로 든다.
- 양손을 허리를 받쳐 일직선을 이룬다.

운동효과

- 균형감각 강화
- 경추유연성 강화

팔 다리 흔들기

운동방법

- 팔다리를 높이 들어준다.
- 힘을 빼고 좌우로 빠르게 흔들어 준다.

운동효과

- 혈액순환촉진
- 팔다리 긴장해소

Sit Stretching

손목 눌러주기

실시방법

- 양손을 엉덩이 밑에 넣는다.

운동효과

- 손목관절 유연성 회복
- 혈액순환 증진

손목 돌리기

운동방법

- 양손을 깍지를 한다.
- 원을 그리듯 돌려준다.

운동효과

- 관절 유연성 회복

팔꿈치 펴기

운동방법

- 양손을 깍지를 낀다.
- 양팔을 구부리고 손바닥을 앞으로 향하게 하여 팔을 펴준다.
- 앞으로 위로 번갈아 실시한다.

운동효과

- 손가락, 손목, 팔꿈치 관절 신전 및 자세교정

무릎 펴기

운동방법

- 오른손은 왼발바닥을 잡는다.
- 왼손은 굽혀진 왼쪽 무릎을 눌러서 펴준다.

운동효과

- 발목 무릎관절 유연성 강화

발바닥 지압

운동방법

- 양손을 엇걸어 손바닥으로 비빈다.
- 손끝으로 눌러주고 주물러 준다.

운동효과

- 말초부위를 자극하는 전신 운동

어깨밀기

운동방법

- 무릎을 굽혀 양손을 뒤로 짚는다.
- 배를 들고 앞으로 내밀어 준다.

운동효과

- 어깨 유연성 강화

다리 모아 가슴 붙이기

운동방법

- 무릎을 곧게 펴고 아랫배를 허벅지에 붙인다.
- 연속 및 정지

운동효과

- 허리유연성강화
- 슬건 신전운동

다리 벌려 좌우 가슴 붙이기

운동방법

- 다리를 최대한 옆으로 벌려준다.
- 왼쪽 다리부터 가슴을 붙인다.
- 좌우 번갈아 실시한다.(연속 및 정지)

운동효과

- 유연성강화
- 슬건 신전운동
- 서혜부 신전운동

다리 벌려 앞으로 가슴 붙이기

운동방법

- 다리를 최대한 옆으로 벌려준다.
- 앞으로 가슴을 붙인다.

운동효과

- 서혜부 신전운동
- 유연성 강화

허리 비틀기

운동방법

- 양손은 뒤로 집고 왼쪽다리는 펴고 오른쪽다리는 구부린다.
- 오른쪽 다리를 왼쪽으로 눌러준다.
- 연속 및 정지

운동효과

- 옆구리 유연성 강화

요람 흔들기

운동방법

- 양손은 다리를 굽힌 무릎을 잡는다.
- 앞뒤로 흔들어준다.
- 연속

운동효과

- 척추교정 및 회복
- 평형성 강화

두드리기

운동방법

- 엉덩이, 허벅지, 종아리, 무릎, 배 등 전신을 손바닥을 오무려 골고루 두드린다.

운동효과

- 혈액순환 증진
- 피로회복

2. 자신감 향상 프로그램

신체활동은 그 자체만으로도 아동들의 마음을 사로잡고 아동들이 흠뻑 빠지게 하는 매력이 있다. 더불어 어려운 과정의 극복 및 성공적 수행을 통해 자신감과 성취감을 느끼고 자력에 의한 성취 경험을 통해 자기 신뢰감과 행복감을 느끼며 어떠한 활동에 참여할 지라도 스스로 만족감과 기쁨을 얻게 된다. 이런 자신감과 성취감을 통해 길러지는 자신에 대한 확신감은 평생을 지나오면서 긍정적인 자아 개념을 갖고 생활하는데 중요한 바탕이 된다.

1) 어린이 수영의 예

표 4-1 어린이 수영 트레이닝 프로그램

시간	동작	동작설명 & 주의점
5분	○ 준비운동	○ 체조 ○ 제자리에서 가볍게 뛰기
5분	○ 물 밖에서 몸에 물 묻기 ○ 물속에 발 담그기 ○ 물속에 발 담그고 물장구치기	○ 충분한 준비운동을 한 후에 물을 몸에 묻힐 수 있도록 한다. ○ 모든 동작은 천천히 하도록 한다. ○ 물장구를 칠 때는 무릎을 펴고 차도록 한다. ○ 물을 무서워하는 아이들을 주의 있게 살피며 수업을 진행한다.
5분	○ 물속에 서 있기 ○ 물속에서 앉았다가 일어나기 ○ 물속에서 천천히 걷기 ○ 물속에서 낮은 자세로 걷기	○ 앉았다 일어나기 동작을 할 때는 모든 아이들이 같은 속도로 하도록 한다. ○ 낮은 자세로 걷기를 할 때는 줄을 맞추어 걷도록 한다. ○ 줄을 맞추어 걷도록 하며, 장난치는 아이가 없도록 한다.

시간	동작	동작설명 & 주의점
5분	○ 물속에서 친구들과 꼬리잡기 놀이 ○ 모두 함께 물장구치기 ○ 수경을 끼고 물속에서 눈뜨기	○ 꼬리잡기를 할 때는 줄을 세우고 정확한 방법을 설명한 후 시작한다. ○ 물장구를 칠 때는 서로가 부딪치지 않도록 간격을 넓힌 상태에서 한다. ○ 물속에서 눈뜨기를 무서워하는 학생은 얼굴을 다 담그지 않도록 한다.
5분	○ 모두 함께 잠수놀이 하기 ○ 물속에서 숨 내쉬기	○ 누가 누가 오래 참는지 시합을 하도록 한다. ○ 숨을 내쉴 때는 입이 아닌 코로 내쉴 수 있도록 한다.
10분	○ 음~파 숨쉬기 배우기 ○ 물에 뜨기	○ 물속에서는 코로, 물 밖에서는 입으로 숨을 쉬는 것을 정확하게 알려주며, 물 밖에서 충분한 연습을 한 뒤에 물 밖과 물속을 번갈아가며 연습한다. ○ 물에 뜰 때는 몸에 힘을 빼고 새우 자세를 취하도록 한다.
10분	○ 발차기 연습	○ 발차기를 할 때는 무릎을 펴고 힘차게 하도록 한다. 1) 테크에 앉아서 하기. 2) 테크를 손으로 잡고 몸을 띄운 상태에서 하도록 한다. 3) 킥판을 잡고 잠수한 상태에서 해보도록 한다.
10분	○ 손동작 연습	○ 물 밖으로 나와서 한 팔씩 정확하게 배우도록 한다. 1) 손동작은 항상 왼손부터 시작할 수 있도록 한다. 2) 하나, 둘, 셋, 넷 구분동작으로 나누어 한다. 3) 앞으로 나란히 상태에서 손을 쭉 펴고 큰 원을 그리듯이 팔을 돌린다. 4) 한손이 원래 자리에 도착을 한 후에 다음 팔이 시작하도록 한다.
5분	○ 정리체조	○ 물속에서 스트레칭 ○ 물밖에 나와 가볍게 제자리 뛰기 ○ 정리체조

3. 사회성 향상 프로그램

규칙적인 신체활동은 신체적, 정신적은 물론 사회적으로 긍정적인 영향을 준다. 규칙적인 운동을 통해 신체가 건강해지고 불안이나 우울한 감정들도 조절할 수 있도록 도와준다.

친구들과 어울려 놀이나 게임을 하는 등의 신체활동들은 자기표현의 기회가 되고 자신감과 성취감을 이룰 수 있게 해주고 사회적 관계 형성과 융합에 도움을 준다.

1) 태권도 수업의 예

표 4-2 태권도 수업 프로그램

	1주	2주	3주	4주
3월	1) 예절교육(인사법) 2) 태권도 차렷 자세 3) 정신통일 태권도 자세 4) 태권도란?(율동)	1) 질서 교육 2) 바르게 주먹 쥐는 방법 3) 태권도를 배우는 목적(율동)	1) 기본 동작(서기) 2) 기본 동작(지르기)	1) 기본 동작 연습 2) 주먹 대장 게임
4월	기본 동작(막기)	기본 동작·발차기	기본 동작 총연습	발 대장 게임 주먹 대장 게임

(1) 기본동작프로그램

1. 준비맨, 태권 인사합시다.

2. 주춤서기 합시다.
3. 주먹한번지르기(얍, 뿅, 슝), 두 번지르기(더 크게, 신나게), 세 번 지르기(아빠처럼, 엄마처럼)
4. 호랑이(참새, 생쥐, 오리, 강아지) 소리 내면서 주먹 (두 번,세 번)지르기 하나! 둘! 셋!
5. 탈것(조랑말, 자동차, 비행기, 로켓트, 헬리콥터)만들면서 주먹 세 번, 네 번 지르기 하나! 둘! 셋!
6. 맛있는 것(햄버거, 피자, 호떡, 핫도그, 떡꼬치, 아이스크림) 만들면서 주먹 두 번, 세 번, 네 번지르기, 하나! 둘! 셋!
7. 얼굴막기 합시다! 몸통막기 합시다! 아래막기 합시다!
8. 얼굴막기, 몸통막기 합시다!/몸통막기, 아래막기합시다!/얼굴막기, 몸통막기, 아래막기 합시다!
9. 얼굴지르기를 합시다! 몸통지르기를 합시다! 아래지르기를 합시다!
10. 얼굴막기, 얼굴지르기를 합시다!/몸통막기, 몸통지르기를 합시다!/아래막기, 아래 지르기를 합시다!
11. 얼굴막기, 몸통지르기를 합시다!/몸통막기, 아래지르기를 합시다!/아래막기, 얼굴 지르기를 합시다!
12. 발차기! 준비맨이 됩시다!
13. 앞차기를 합시다!(드높이, 더 크게, 더 빨리)
14. 동물소리(어흥, 꼬끼오, 송아지)내면서 앞차기를 합시다!
15. 앞서기, 앞굽이를 합시다!/앞서기, 뒷서기를 합시다!/앞서기, 뒷굽이를 합시다!
16. 앞서기, 얼굴막기 합시다!/앞굽이, 몸통막기 합시다!/뒷서기, 아래막기 합시다!
17. 앞굽이, 손날치기 합시다!/앞굽이, 얼굴지르기를 합시다!/앞서기, 아래막기, 앞차기를 합시다!
18. 전진하면서 앞서기, 얼굴막기, 앞굽이, 몸통막기, 앞서기, 아래막기합시다!
19. 전진하면서 앞굽이, 얼굴지르기, 앞굽이, 몸통지르기, 앞굽이, 아래지르기를 합시다!
20. 준비맨-주춤서기-얼굴막기-몸통막기-아래막기-바로맨이 됩시다!

2) 태권무와 게임의 예

표 4-3 태권무와 게임의 예

태권무	로봇트 태권 V(기본 무)	아이언 리거(중급 무)	챔피언(고급 무)
게임	주먹 대방 게임	발대장 게임	난쟁이 품새

3) 유아 태권도 수업의 시간표

표 4-4 유아 태권도 수업 시간표(40분 수업의 예)

내용	시간
예절법 및 정신수양	5분
율동과 스트레칭	10분
월별 태권도 기본 동작	20분
게임 및 마무리	5분

4. 기초체력 향상 프로그램

1) 개요

과중한 학습 부담 및 신체활동의 부족으로 인해 체력약화의 현상이 두드러지고 있는 아동들이 스스로 건강의 중요성을 인식하고 신체를 긍정적으로 인식하여 생활에 필요한 기초 체력을 기를 수 있도록 도와준다.

(1) 근력 및 지구력

근력은 저항에 대해 근육이 한 번에 최대로 낼 수 있는 힘이며, 근지구력이란 저항에 대하여 반복하여 힘을 내는 것, 수축을 지속적으로 하는 능력을 의미한다.

(2) 심폐 지구력

심폐 지구력은 산소를 근육에 공급하고 장시간 운동의 결과로 생기는 노폐물을 제거하는 능력이다.

전신 지구력이 강한 사람은 쉽게 피로하지 않고 장시간 움직일 수 있는 등 제반 활동을 성공적으로 수행할 수 있다.

(3) 유연성

유연성은 운동의 모든 범위를 관절이 자연스럽게 충분히 움직일 수 있는 능력을 의미한다.

유연성은 부드럽고 효율적으로 움직이는 데 필수적이며 유연성이 발달하면 인대나 관절의 손상을 예방할 수 있다.

(4) 평형성

평형성은 움직이거나 정지한 상태에서 균형을 유지하는 능력이며 신체의 안정 유지와 사고 및 위험을 예방하는 데 중요한 역할을 한다.

평형성은 달리기, 뛰기, 오르기 등의 운동을 안전하게 성취할 수 있게 하는데 기초가 되는 조건이다.

(5) 민첩성 및 순발력

민첩성은 정해진 공간에서 몸의 방향을 재빨리, 정확하게 전환하는 능력을 말한다.

순발력은 단시간에 폭발적으로 힘을 내는 능력이다.

2) 감각별 신체 활동 프로그램

(1) 유연성을 기르기 위한 활동

유연성은 관절 움직임의 범위로 정의되는데, 몸을 부드럽고 효율적으로 움직이는데 필수적인 체력요소로 유연성이 발달하면 인대나 관절의 손상을 예방할 수 있다.

유연성은 스트레칭을 비롯한 여러 가지 운동 경험을 통해 향상되며 근력과 관련한 무리한 운동 시 허리 부위의 상해를 예방해 줄 수 있다.

허리 굽혀 발끝 잡기

목 표

- 상체를 구부리는 동작을 통해 허리, 다리의 유연성을 기른다.

운동방법

- 다리를 모아 쭉 뻗고 앉아 가슴이 두 무릎에 닿도록 상체를 깊숙이 숙인다.
- 양손으로 발끝을 잡고 가슴이 닿도록 눌러준다.
- 시선을 아래쪽을 향한다.

유 의 점

- 다리를 뻗을 때 무릎을 굽히지 않고 편다.
- 10초 이상 정지하여 자세를 유지하도록 한다.

옆으로 굽혀 발끝 잡기

목 표

- 다리를 벌리고 양 쪽으로 굽혀 주는 동작을 통해 허리, 어깨, 다리의 유연성을 기른다.

운동방법

- 다리를 양쪽으로 벌리고 앉는다.
- 오른쪽 팔이 오른쪽 귀에 닿도록 하고, 양손으로 왼쪽 발끝을 잡고 몸을 뻗어 눌러준다.
- 반대쪽도 같은 방법으로 실시한다.

유 의 점

- 벌린 다리의 무릎을 펴고 구부리지 않는다.

물개 자세

목 표

- 당기고 젖히는 동작을 통해 팔, 다리, 허리의 유연성을 기른다.

운동방법

- 팔을 굽혀 손바닥을 바닥에 대고 일자로 엎드린다.
- 손을 가슴 쪽으로 당겨 바닥을 짚고 상체를 들고 몸을 뒤로 젖힌다.

유 의 점

- 머리와 목을 최대한 뒤 쪽으로 늘려본다.
- 배는 바닥에 붙이고 상체만 뒤로 젖힌다.

돌고래 자세

목 표

- 젖히고 당기는 동작을 통해 허리, 다리, 목의 유연성을 기른다.

운동방법

- 팔을 굽혀 손바닥을 바닥에 대고 일자로 엎드린다.
- 손을 가슴 쪽으로 당겨 바닥을 짚고 상체를 들고 뒤로 젖힌다.
- 발끝이 머리에 닿도록 머리와 목을 최대한 뒤로 젖힌다.

유 의 점

- 목만 젖히게 되면 무리가 되므로 허리부터 휘어 뒤로 젖히도록 한다.
- 배 부분은 바닥에 붙이고 상체와 발끝을 최대한 늘려보게 한다.

시이소 만들기

목 표

- 젖히고 당기는 동작을 통해 허리, 다리, 목의 유연성을 기른다.

운동방법

- 일자로 엎드렸다가 양 팔을 등 쪽으로 뻗어 발목을 잡는다.
- 목을 뒤로 힘껏 젖히고 무릎을 펴서 등과 배를 활처럼 휘게 한다.
- 시소처럼 앞, 뒤로 반동을 주어 흔들어보게 한다.
- 유아의 흥미를 위해 부모가 발목을 잡은 손을 쥐고 흔들어 줄 수 있다.

유 의 점

- 몸을 둥글게 만들지 못하는 경우 유아의 발목 부분을 잡고 위로 당겨준다.

(2) 순발력을 기르기 위한 활동

순발력이란 단 시간에 힘을 폭발적으로 발휘할 수 있는 능력으로 동적 상태에서 발휘하는 힘이며, 실제 운동 수행 시 대부분은 순간적으로 근섬유를 폭발적으로 발휘하는 힘을 이용하여 움직이는 것이다.

최대 근력으로 최대의 속도를 낼 수 있는 순발력은 운동능력 향상에 필수 조건이며 일상생활에서도 중요한 체력 요인으로 힘과 운동의 증가를 통해 발달한다.

제자리 뛰어 뒤꿈치 엉덩이 닿기

목 표

- 정지 자세에서 뛰어 오르는 동작을 통해 순발력을 기른다.

운동방법

- 다리를 모아 서서 발뒤꿈치가 엉덩이에 닿도록 제자리에서 위로 뛰어오른다.
- 연속하여 5~10회 실시한다.
- 가족이 함께 뛰어오르며 엉덩이에 발뒤꿈치 닿기를 해본다.

유 의 점

- 착지할 때 발목 관절과 무릎을 보호하기 위해 매트 위에서 실시한다.

제자리 뛰어 무릎 가슴 닿기

목 표

- 정지 자세에서 뛰어 오르는 동작을 통해 순발력을 기른다.

운동방법

- 다리를 모아 두 무릎이 가슴에 닿도록 무릎을 올리며 제자리에서 뛰어 오른다.
- 연속 동작으로 5~10회 실시한다.
- 가족이 함께 뛰어 오르며 무릎 가슴 닿기를 해본다.

유 의 점

- 착지할 때 발목 관절과 무릎을 보호하기 위해 매트 위에서 실시한다.

제자리 멀리 뛰기

목 표

- 정지 자세에서 멀리 뛰는 동작을 함으로써 순발력을 기른다.

운동방법

- 다리를 어깨 넓이로 벌리고 출발선에 서서 무릎을 구부리며 몸을 앞, 뒤로 흔들며 준비한다.
- 신호하면 앞쪽으로 최대한 멀리 뛰어 본다.

유 의 점

- 착지할 때 발목 관절과 무릎을 보호하기 위해 매트 위에서 실시하며, 무릎을 구부리도록 지도한다.

2인 1조 뛰어 넘기

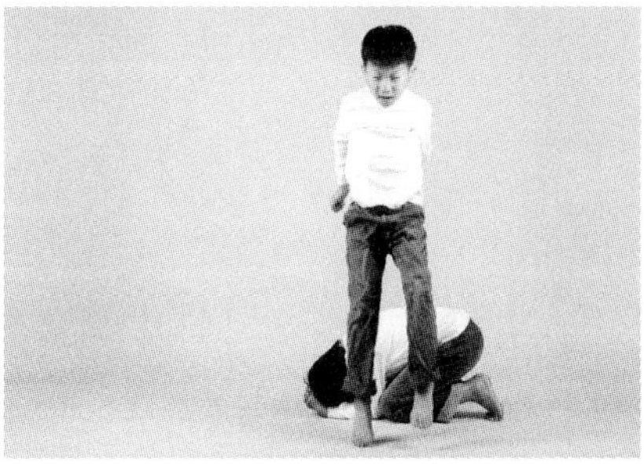

목 표

- 정지 자세에서 뛰어 넘는 동작을 함으로써 순발력을 기른다.

운동방법

- 두 사람이 짝이 되어 한 사람이 무릎을 꿇고 고개를 숙이고 몸을 둥글게 웅크리면 또 다른 한사람이 제자리에서 뛰어 올라 웅크린 사람을 넘는다.
- 뛰어 넘는 사람은 엎드린 사람 가까이 두 발을 모으고 착지한다.
- 역할을 바꿔서 활동해 본다.

유 의 점

- 익숙해지면 뛰어넘고 나서 웅크리는 역할을 바꾸며 연속 동작을 해 본다.

제자리 한 바퀴 뛰어 돌기

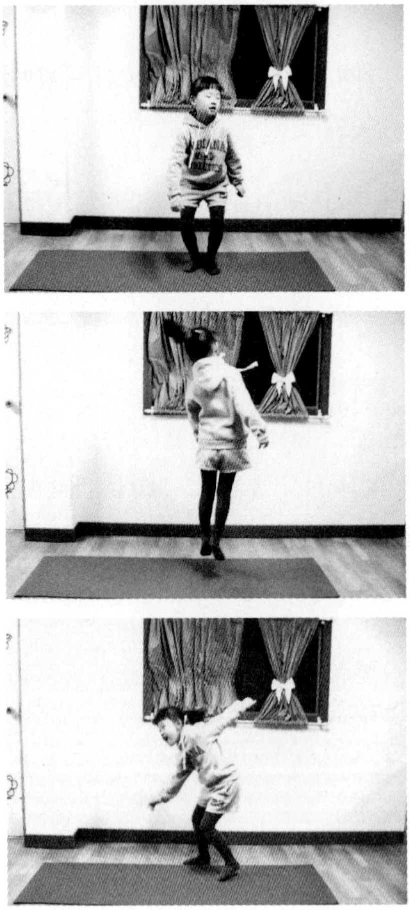

목 표

- 뛰어 오르며 몸을 돌리는 동작을 통해 순발력을 기른다.

운동방법

- 정면을 향하고 서서 신호하면 위쪽으로 뛰어 오르며 제자리에서 한 바퀴 돈다.
- 가족이 함께 해보고, 처음부터 360도 전부를 돌기 어려우므로 180도씩 두 번에 나누어 돌아보고 방향 바꿔 연속 동작으로 해본다.

유 의 점

- 왼쪽, 오른쪽으로 뛰어 돌기를 실시한다.
- 어려워하는 경우 반 바퀴만 돌도록 하고 점차 회전 정도를 늘려가게 한다.

(3) 민첩성을 기르기 위한 활동

민첩성이란 정해진 공간 안에서 움직임의 방향이나 몸의 위치 등을 신속하게 변화시켜 다른 움직임으로 옮길 수 있는 능력이다.

자극에 대하여 재빠르게 반응하거나, 신체의 위치를 재빨리 바꾸거나 하는 동작의 연속을 위해서는 신체의 빠른 중심이동 및 신체의 평형감각이 매우 중요하므로 평형성과 협응력과 관련이 깊다.

신호 따라 방향 바꾸기

목 표

- 신호에 따라 달려가다 방향을 바꾸는 동작을 통해 민첩성을 기른다.

운동방법

- 기준선을 향해 달려가다가 신호하면 반대쪽으로 몸의 방향을 바꾸어 달린다.
- 앞뒤로 좌우로 방향을 바꾸며 신호에 따라 빠르고 정확하게 움직인다.

유 의 점

- 성인이 함께하며 구령을 붙여주거나 신호를 해 주며 함께 활동한다.
- 방향을 바꿀 때 미끄러지지 않도록 바닥에 주의하며 활동한다.

공중에서 발 부딪치기

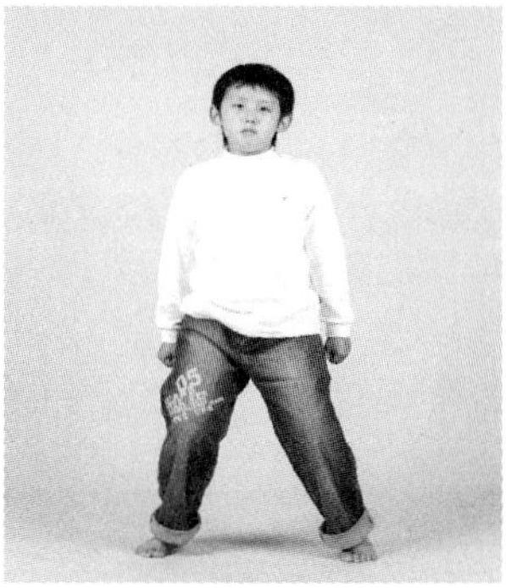

목 표

- 제자리높이뛰기와 발의 협응을 통해 민첩성을 기른다.

운동방법

- 제자리에서 위로 뛰기를 해 본다.
- 제자리에서 위로 뛰기를 하며 공중에서 발바닥을 서로 부딪쳐 본다.

유 의 점

- 처음부터 발을 부딪치는 것을 어려우므로 제자리 뛰기를 먼저 해 본 후에 발 부딪치기를 한다.

공중에서 손뼉치고, 발 부딪치기

목 표

- 제자리높이뛰기와 손, 발의 협응을 통해 민첩성을 기른다.

운동방법

- 제자리에서 위로 높이뛰기를 해본다.
- 제자리높이뛰기를 하며 공중에서 손을 위로 하여 손뼉을 치고 다리는 벌려 발바닥을 부딪쳐 본다.

유 의 점

- 손뼉 치고, 양 발 부딪치고 내려올 때 발목을 주의하여 착지한다.

왕복 달리기

목 표

- 방향 바꿔 달리는 왕복 달리기를 통해 민첩성과 순발력을 기른다.

운동방법

- 출발선에 서서 신호하면 도착선까지 달려갔다가 다시 출발선으로 달려온다.
- 여러 번 반복하여 왕복 달리기를 한다.

유 의 점

- 방향 바꿀 때 성인이 신호를 해주며 함께하는 것이 좋다.
- 속도와 방향을 조절하며 달리도록 지도한다.

한 바퀴 돌아 공 잡기

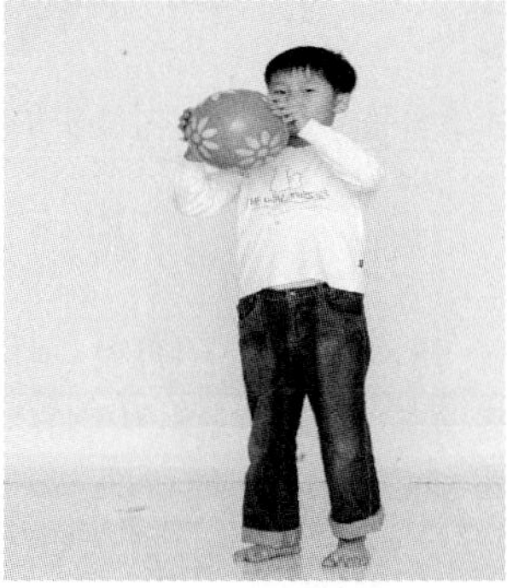

목　　표

- 제자리 돌기와 잡기활동의 협응으로 민첩성을 기른다.

운동방법

- 제자리에서 공을 들고 아래로 튀긴다.
- 공이 튀어 올라있는 동안 몸을 제자리에서 돌아서 내려오는 공을 잡는다.

유 의 점

- 속도와 힘을 조절하여 공을 튀기게 하고 잡을 때는 안듯이 잡는다.
- 공을 튀길 때 직각을 유지하여 다른 곳으로 굴러가지 않게 한다.

(4) 지구력을 기르기 위한 활동

근지구력 이란 저항(무게, 힘)에 대하여 근육이 반복하여 힘을 내는 것 또는 수축을 지속적으로 할 수 있는 능력이며 심폐지구력은 대근 활동을 포함한 신체활동을 계속적으로 지속할 수 있는 능력으로 호흡, 순환 기능에 의한 산소의 섭취, 운반, 및 이용능력을 나타낸다.

근지구력이나 심폐지구력은 충분히 사용하지 않으면 발달하지 않으며 발달한 사람도 계속 사용하지 않으면 점차 감소하게 되므로 운동을 꾸준히 점진적으로 실시하는 것이 발달에 도움이 된다.

V 자로 앉기

목 표

- 배와 다리의 근력을 요하는 자세를 유지함을 지구력을 기른다.

운동방법

- 다리를 뻗고 허리를 펴고 앉은 자세에서 뒤로 팔을 짚으며 다리를 45도 정도 들어 자세를 유지한다. (1분정도)
- 유아의 능력에 따라 뒤로 짚은 손을 배위로 올리고 다리를 붙이고 들어 V자로 앉기를 해본다.

유 의 점

- 유아의 바른 균형 자세를 위해 성인이 도움을 줄 수 있다.
- 손을 바닥에 대지 않고 V자 자세를 30초 이상 유지하도록 지도한다.

윗몸일으키기 1

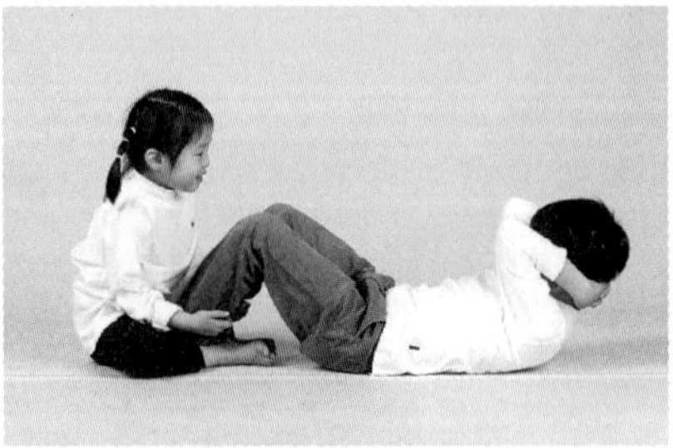

목 표

- 윗몸 일으키기를 통하여 근지구력과 배의 근력을 기른다.

운동방법

- 2인 1조가 되어 한 사람은 두 손을 깍지 끼어 뒷머리를 잡고 매트에 눕는다.
- 다른 사람은 상대 유아의 양발을 엉덩이로 깔고 앉아 두 다리를 잡는다.
- 누워 있던 유아는 상체를 일으켜 팔꿈치를 무릎에 대고, 다시 누워 뒷머리가 바닥에 닿은 동작을 반복한다.

유 의 점

- 엉덩이를 바닥에 붙이고 일어났을 때 팔꿈치가 정확하게 무릎에 닿는 것을 1회로 정확한 동작을 해보게 한다.
- 발달단계에 따라 무릎의 각도를 조정 할 수 있다.

윗몸일으키기 2

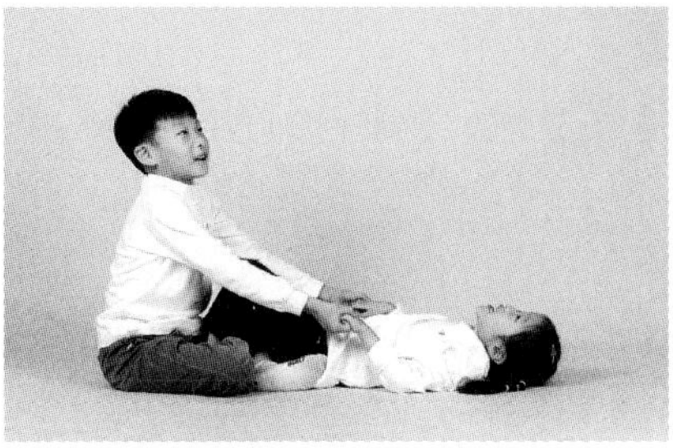

목 표

- 상대의 힘을 이용한 활동을 통하여 근지구력을 기른다.

운동방법

- 2인 1조가 되어 손을 잡고 한 사람은 드러눕는다.
- 손을 잡고 앉은 사람이 뒤로 누우며 손을 당겨 앞사람의 윗몸을 일으키게 한다.
- 마주보고 서로 당겨주는 활동을 반복한다.

유 의 점

- 비슷한 신장, 체중의 가족이 짝이 되도록 한다.
- 서로 당기다가 손을 갑자기 놓지 않도록 주의한다.

발목 잡고 걷기

목 표

- 구부리고 걷기를 통해 다리의 근력 및 근 지구력 유연성을 기른다.

운동방법

- 허리를 굽혀 두 손으로 자신의 발목을 잡는다.
- 정면을 바라보며 앞으로 걷는다.

유 의 점

- 다리를 구부리지 않고 걸어보게 한다.
- 적어도 3~5분 이상 지속적으로 걷기를 해보게 한다.
- 성인이 방향을 잡아주거나 함께 활동 할 수 있다.

게걸음 걷기

목 표

- 손과 발을 이용한 활동을 통해 팔다리의 근력과 지구력을 기른다.

운동방법

- 바닥에 앉아 양손을 뒤로 짚은 다음 다리와 팔로 지탱하며 엉덩이를 위로 든다.
- 두 손과 두 발을 움직여 옆으로 걷는다.
- 옆으로 걷다가 머리 쪽, 다리 쪽 방향으로 걷는다.

유 의 점

- 엉덩이가 땅에 닿지 않도록 상체를 계속 위로 들면서 걷게 한다.
- 여럿이 할 때는 서로 부딪히지 않도록 간격을 두고 하도록 한다.

(5) 평형성을 기르기 위한 활동

평형성이란 움직이거나 정지한 상태에서 균형을 유지하는 능력으로 신체의 안전유지와 사고 및 위험을 예방하는데 중요한 역할을 하는 체력요인이다. 평형감각의 발달은 좋은 자세를 유지하게 하고 안정된 동작으로 운동에 참여할 수 있게 한다. 근 기능의 통합과 시각, 평형감각기로부터 정보에 대한 적절함 또는 유효한 협조를 이끌어내어 운동 중 평형을 유지할 수 있게 된다.

외발서기

목 표

- 균형동작을 통해 하체 균형 발달과 평형성을 기른다.

운동방법

- 한 발로 몸을 지탱하고, 다른 한 발은 90도로 굽혀 앞쪽으로 든다.
- 두 팔을 벌려 중심을 잡고, 지탱하는 다리는 무릎을 펴고 바로 선다.
- 15초 이상 외발서기를 해본다.
- 오른쪽 발 왼쪽 발을 들며 외발서기를 해 본다.

유 의 점

- 좌, 우 양쪽 다리를 번갈아 실시한다.
- 눈을 감고 몇 초까지 평형을 유지할 수 있는지 측정해 본다.

둘이 손잡고 외발서기

목 표

- 함께 균형 유지하는 동작을 통해 평형성을 기른다.

운동방법

- 앞을 보고서서 두 사람이 손을 잡고 한 쪽 발을 들어 외발서기를 한다.
- 손을 잡지 않은 팔을 벌려 중심을 잡고, 지탱하는 다리는 무릎이 굽혀지지 않도록 한다.

유 의 점

- 손을 잡은 팔을 펼 수 있도록 두 사람의 간격을 어깨 넓이로 벌려 서도록 한다.
- 균형을 잃을 경우 재빨리 손을 놓도록 지도하여 안전사고에 유의한다.

마주보고 손뼉 치기

목 표

- 하체를 고정하고 마주보고 미는 상체 동작을 통해 균형 감각을 기른다.

운동방법

- 두 발을 모아 마주보고 서서, 다리는 움직이지 않으며 손바닥으로 상대의 손바닥을 쳐서 밀어낸다.
- 하체로 균형을 잡으며 서서, 반동을 주며 상대를 밀어낸다.

유 의 점

- 상대를 칠 때, 무릎을 굽히며 치고 밀도록 지도한다.

쟁반으로 공 나르기

목 표

- 움직이는 공을 쟁반으로 나르는 동작을 통해 평형성을 기른다.

운동방법

- 쟁반에 공을 올리고, 두 팔을 쭉 뻗어 쟁반을 잡고 걷는다.
- 거실을 한 바퀴 돌거나 방에서 방 사이를 다니며 걷는다.

유 의 점

- 공의 움직임에 집중하고 공을 떨어뜨리지 않고 걷도록 한다.
- 쟁반의 턱을 낮게, 높게 조정하여 난이도를 조절할 수 있다.

쟁반으로 공치기

목 표

- 쟁반으로 공을 쳐 올리고, 받는 동작을 통해 균형 감각을 기를 수 있다.

운동방법

- 쟁반에 공을 올리고, 쟁반을 사용하여 공을 위쪽으로 쳐서 올린다.
- 공이 떨어지지 않게 계속 치며 이동한다.

유 의 점

- 공만 보고 치는 활동이므로, 시선이 공을 향한 채로 걸려 넘어지거나 부딪치는 곳이 없도록 넓은 장소에서 실시한다.
- 공을 떨어뜨리지 않고 몇 번을 칠 수 있는지 가족과 함께 게임해 본다.

V

고령자를 위한 운동프로그램

1. 관절염 환자를 위한 운동프로그램
2. 낙상방지를 위한 운동프로그램
3. 심폐기능강화를 위한 운동프로그램
4. 면역력 증가를 위한 운동프로그램

1. 관절염 환자를 위한 운동프로그램

1) 개요

(1) 고령화 사회

- ○ 우리나라는 경제성장에 따른 급격한 생활수준의 향상, 생활환경의 개선, 과학과 지식 및 보건의료기술의 발달, 낮은 출산율로 인하여 인구의 고령화 사회가 급속히 진전됨
- ○ 우리나라 노인인구 비율
- ○ 고령화 진전에 따른 노인인구 증가, 만성질병 중심의 질병구조 변화 등으로 노인 건강의 중요성 강조됨
- ○ 연령의 증가는 골격의 근육량 및 근력의 감소, 지구력 감소를 초래하여 저근육증(sarcopenia)에 이르게 하며 근육량의 감소는 신체기능과 신체자립도(activity daily living: ADL)를 저하시키며 이에 따른 운동수행능력의 저하는 생활기능 저하와 병상생활의 원인이 되어 결국 사망률을 증가시킴
- ○ 급속하게 진행되는 인구의 고령화 현상을 고려할 때 활동체력의 저하, 저근육증의 위험인자를 개선하는 것은 노인의 의료비 감소와 삶의 질 향상에 크게 기여할 것으로 사료되며 특히 노인과 관련이 많은 근 골격계 질환에 큰 도움이 될 것으로 사료됨

(2) 관절염이란

- 관절은 뼈와 뼈가 만나는 신체부위로써 근육, 인대, 힘줄 등으로 구성되어 있는데 그 중 문제가 생겨 발생하는 질병
- 관절염이 어떻게 시작되는지에 따라 급성과 만성으로 분류되고 관절염이 생기는 관절의 숫자에 따라 전신성과 국소성 관절염으로 불러짐

(3) 관절염의 발생단계

- 주로 50세 이후에 많이 발병하며, 45세 이전에는 남성 환자, 55세 이후에는 여성 환자 많음
- 근래에는 중년층에서도 많이 발병하는데 그 원인은 비만으로 비만인의 경우 정상인보다 2배 정도 많이 발병하는 것으로 알려짐

(4) 진단방법

① 자가 진단법

- 무릎관절에서 소리가 나면서 쑤시고 저릴 때
- 이유 없이 무릎이 부은 경험이 두 번 이상일 때
- 무릎관절을 굽혔다 펼 때 유연하지 못하고 뻑뻑할 때
- 계단을 오르내리기가 힘들 때
- 한 시간 이상 걸으면 뼈마디가 아프고 절뚝거릴 때
- 허벅지 근육이 가늘고 약할 때
- 무릎관절 뼈 안쪽을 만지면 아플 때
- 앉아 있다가 일어나기가 어려울 때
- 무릎에 힘이 빠지면 주저앉고 싶을 때
- 무릎관절에서 소리가 나면서 아플 때

② 의학적 진단법

○ 위의 증상 중 2항목 이상이 해당되면 관절염으로 의심되며 전문의의 상담이 필요함

○ 혈액검사, 면역검사, X-ray 검사 등 여러 검사를 통해 관절염의 여부 확인

2) 운동프로그램

(1) 관절염 관리요령 및 예방법

○ 장시간 고정된 한 자세로 있는 것은 금물이며 수시로 관절을 움직여야 함

○ 아침 잠자리에서 일어나기 직전에 누워있던 자세에서 운동을 시작함

○ 실내에서 할 수 있는 간단한 운동 기구 준비

○ 수영이나 자전거와 같이 체중을 받지 않는 운동을 하는 것이 좋음

(2) 관절염환자 수중 운동프로그램

수중 능동관절운동

운동방법

- 환자는 물속에서 자신이 걸을 수 있는 속도로 움직임

운동횟수

- 하루 1번 실시
- 한번 실시할 때 5회를 반복함
- 1회 3분을 유지
- 1회당 5분 휴식

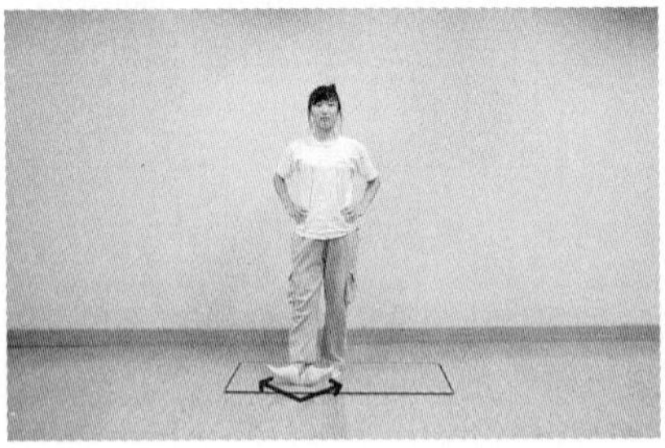

운동방법

- 환자는 물속에서 선 자세를 취함
- 환자는 천천히 아픈 쪽 다리를 좌우로 회전시킴

운동횟수

- 하루 1번 실시
- 한번 실시할 때 5회를 반복함
- 1회 1분을 유지
- 1회당 2분 휴식

운동방법

- 환자는 물속에서 선 자세를 취함
- 환자는 아픈 쪽 다리를 들어 올리고 반대쪽 팔을 전방으로 뻗는 동작 실시
- 환자는 반대쪽도 같은 방식으로 실시

운동횟수

- 하루 1번 실시
- 한번 실시할 때 5회를 반복함
- 1회 1분을 유지
- 1회당 2분 휴식

※ 위 운동은 수중에서 실시한다.

수중 능동관절운동

운동방법

- 환자는 물속에서 한손을 벽에 대고 선 자세를 취함
- 환자는 천천히 무릎을 쭉 편 상태로 제자리에서 걷는 동작 실시

운동횟수

- 하루 1번 실시
- 한번 실시할 때 5회를 반복함
- 1회 1분을 유지
- 1회당 2분 휴식

운동방법

- 환자는 물속에서 선 자세를 취함
- 환자는 제자리에서 걷는 동작 실시

운동횟수

- 하루 1번 실시
- 한번 실시할 때 5회를 반복함
- 1회 1분을 유지
- 1회당 2분 휴식

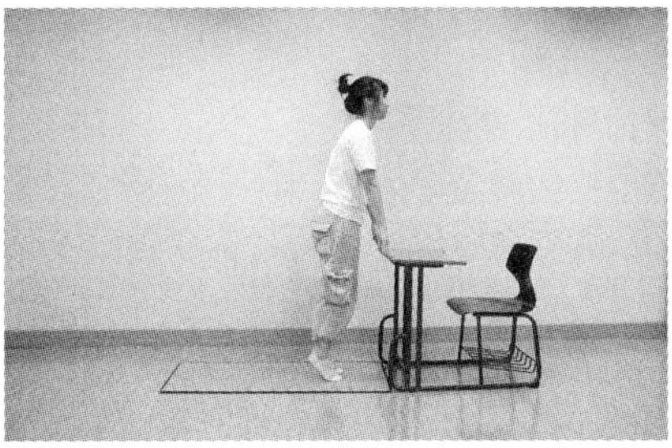

운동방법

- 환자는 물속에서 벽을 양손으로 잡고 바로 선 자세를 취함
- 환자는 천천히 발뒤꿈치를 들어 올려 까치발 동작 실시

운동횟수

- 하루 1번 실시
- 한번 실시할 때 5회를 반복함
- 1회 1분을 유지
- 1회당 2분 휴식

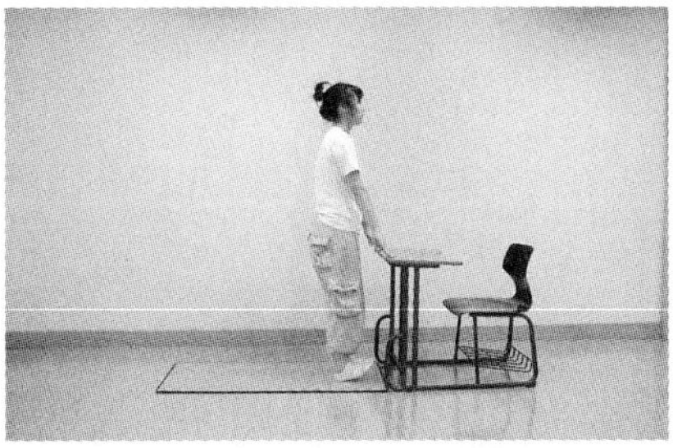

운동방법

- 환자는 물속에서 벽을 양손으로 잡고 바로 선 자세를 취함
- 환자는 천천히 발가락을 최대한 들어 올린 동작 실시

운동횟수

- 하루 1번 실시
- 한번 실시할 때 5회를 반복함
- 1회 1분을 유지
- 1회당 2분 휴식
- 1회당 2분 휴식

※ 위 운동은 수중에서 실시한다.

수중 능동관절운동

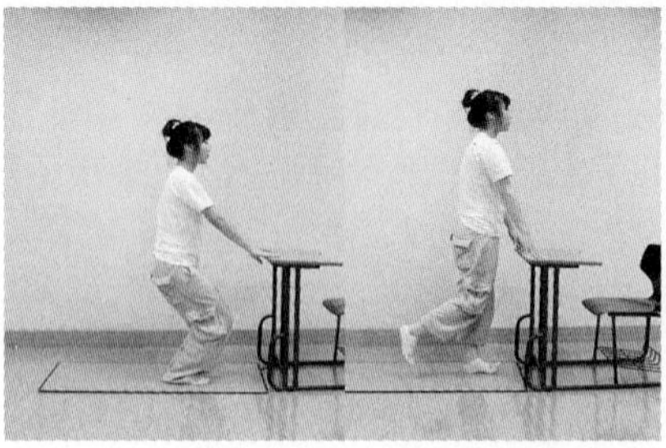

운동방법

- 환자는 물속에서 바로 선 자세를 취하고 양손을 앞쪽으로 뻗음
- 환자는 천천히 무릎을 굽혀 앉는 동작 실시

운동횟수

- 하루 1번 실시
- 한번 실시할 때 5회를 반복함
- 1회 1분을 유지
- 1회당 2분 휴식

운동방법

- 환자는 물속에서 벽에 기대고 바로 선 자세를 취함
- 환자는 천천히 아픈 쪽 다리를 쭉 편 상태로 90도 정도 들어 올리고 그 다음 무릎을 완전히 굽힌 원상태를 되돌아 옴

운동횟수

- 하루 1번 실시
- 한번 실시할 때 5회를 반복함
- 1회 1분을 유지
- 1회당 2분 휴식

※ 위 운동은 수중에서 실시한다.

(3) 관절염환자 집에서 할 수 있는 운동 프로그램

능동관절운동

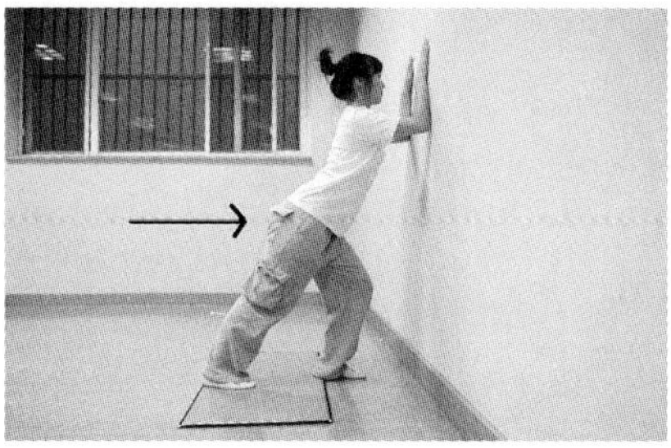

운동방법

- 환자는 벽을 마주보는 자세를 양팔을 벽에 대고 한쪽 다리(건강한 다리)를 전방에 배치한 자세를 취함
- 환자는 천천히 엉덩이를 전방으로 밀기

운동횟수

- 하루 아침, 점심, 저녁 3번씩 실시
- 한번 실시할 때 10회 반복함
- 1회 10초 유지
- 1회당 10초 휴식

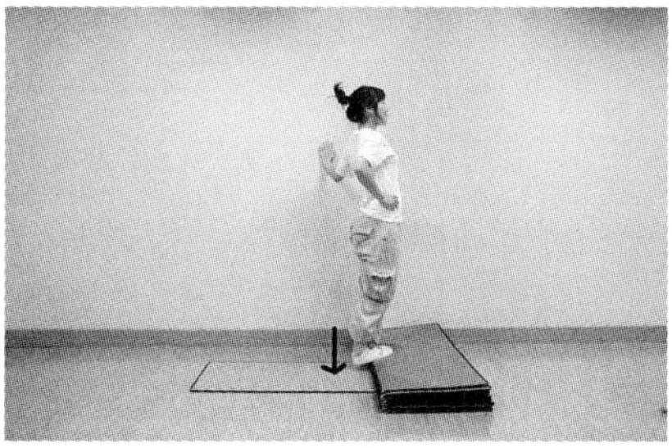

운동방법

- 환자는 그림에서와 같이 발끝으로 계단 위에서 선 자세를 취함
- 환자는 천천히 무릎을 굽히지 말고 발뒤꿈치를 아래로 내림

운동횟수

- 하루 아침, 점심, 저녁 3번씩 실시
- 한번 실시할 때 10회 반복함
- 1회 10초 유지
- 1회당 10초 휴식

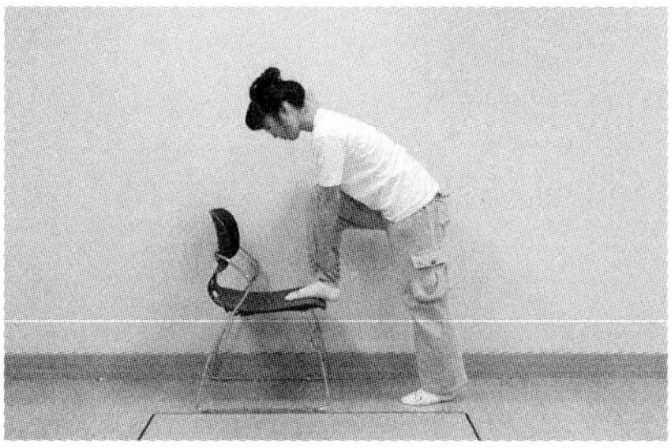

운동방법

- 환자는 낮은 의자를 전방에 배치하고 아픈 쪽 다리를 올려놓음
- 환자는 천천히 상체를 굽혀 양손이 발목에 닿도록 함

운동횟수

- 하루 아침, 점심, 저녁 3번씩 실시
- 한번 실시할 때 10회 반복함
- 1회 10초 유지
- 1회당 10초 휴식

◆ 운동방법

- 환자는 낮은 의자를 전방에 배치하고 무릎을 쭉 핀 상태를 아픈 쪽 다리를 의자 위에 올려놓음
- 환자는 천천히 상체를 전방으로 굽힘

◆ 운동횟수

- 하루 아침, 점심, 저녁 3번씩 실시
- 한번 실시할 때 10회 반복함
- 1회 10초 유지
- 1회당 10초 휴식

3) 주의사항

(1) 낮고 푹신한 의자에 앉지 말기

무릎 통증이 있는 사람이 지나치게 낮고 푹신한 의자에 앉을 경우 일어설 때 관절에 무리가 간다.

(2) 계단은 되도록 피하기

계단을 오르내릴 때는 평지를 걸을 때보다 무릎에 체중이 약 3.5배 정도 더 가중 되므로 무릎 관절에 무리를 주게 된다.

(3) 체중을 줄이기

체중 1kg 늘어날 때마다 무릎 관절은 그 3~5배에 해당하는 하중을 부담하기 때문에 관절염에 걸릴 가능성이 높아진다.

(4) 규칙적인 운동하기

하루에 무리한 운동보다 매일 단 10분씩이라도 가벼운 운동으로 몸을 풀어주는 것이 좋다.

(5) 무릎 주변 근육 강화

무릎 주변의 근육을 키우면 그만큼 무릎이 부담하는 하중이 줄어들게 되며 수영이나 가벼운 산책 등은 무릎 근육을 강화하는 좋은 운동이다.

(6) 숙면을 취하기

잠을 잘 자는 것도 관절염 치료에 도움이 되며 숙면을 취하지 못하면 스트레스가 쌓이는데, 스트레스는 염증의 고통을 증가시킬 뿐 아니라 합병증의 원인이 된다.

(7) 낙상에 주의하기

노년층은 골다공증으로 인해 뼈가 약해진 상태이므로 낙상에 주의해야 한다.

(8) 급격한 환경 변화에 주의하기

너무 덥거나 추운 곳, 습도가 높은 곳에서 오래 있는 것은 관절 건강에 좋지 않다.

(9) 편한 복장과 편한 신발 착용

착용감이 좋고 입고 벗기 편한 옷이 좋으며 신발이 불편하면 무릎 관절에 무리가 가기 때문에 굽이 높지 않고 바닥이 두꺼운 것이 좋다.

(10) 올바른 찜질하기

찜질은 관절염으로 인한 통증과 경직을 완화하는데 유용하지만 올바른 찜질 방법이 필요하다.

2. 낙상방지를 위한 운동프로그램

1) 개요

(1) 낙상이란

낙상은 다음과 같이 요약된다.

- ○ 노인인구에서 빈번히 발생하는 건강문제
- ○ 미국의 경우 노인의 사망원인 2위로 보고하였고(Campbell, Robertson, Gardner, Norton, Tilyard, & Bchner)[15], 매년 65세 이상 노인 중 약 30%, 80세 이상 노인 중 약 40%가 1년에 1회 이상 낙상을 경험함(Sattin)[16]
- ○ 낙상 후 발생하는 합병증에는 골절이나 관절탈구, 뇌진탕, 심한 열상 등이 있음
- ○ 낙상 후에는 중상을 입지 않아도 신체활동이 저하되어 사회적으로 고립되는 결과를 나타내어 전반적으로 삶의 질 자체가 저하됨

(2) 낙상의 원인

신체의 평형성 장애와 전정기관의 이상 때문인 것으로 알려져 있고 인체의 평형은 시각계, 체성감각계, 전정계를 통하여 들어오는 감각정보의 유입을 근거로

---

15) Campbell, A. J., Robertson, M. C., Gardner, M. M., Norton, R. N., Tilyard, M. W., & Bchner, D. M. (1997). Randomised controlled trial of a general practice programme of home base exercise to prevent falls in elderly women. British Medical Journal, 315(7115), 1065-1069.

16) Sattin, R. W. (1992). Falls among older persons : A public health perspective. Annual Review of Public Health, 13, 489-508.

하는 복합적인 기능을 말하며 연령증가와 더불어 이와 같은 기능과 근력의 감퇴로 인하여 평형성이 떨어지고 낙상의 빈도가 증가하게 된다.

(3) 낙상의 위험요인

- ○ 낙상의 위험요인은 크게 환경적 요인, 외재적 요인, 내재적 요인으로 나누어짐
- ○ 이러한 요소 중에 낙상에 가장 영향을 주는 내재적 요인은 신체적 요인과 심리적 요인 나누어짐
- ○ 신체적 요인 : 하지 근력의 약화, 보행능력의 저하, 균형능력의 저하, 악력 감소, 시력등 감각의 감퇴, 감각운동조절의 감소 등이 있음
- ○ 심리적 요인 : 낙상에 대한 건강상태, 감정조절 능력, 삶의 만족도 등이 있음

2) 균형검사

(1) 체력 측정

① 하지 근지구력 측정

일어서기 측정(sit and standing)은 하지의 주 사용 근인 대퇴사두근의 근력을 간접적으로 확인할 수 있는 기본적이면서도 쉽게 측정할 수 있는 방법이다.

- 대상자는 의자에 앉아 가슴에 양팔을 교차한 상태에서 앉았다 일어나기를 30초 동안 반복한다.
- 최대한 상체를 편 상태에서 다시 앉도록 한다.

② 하지 평형성 측정

하지 평형성을 측정하기 위한 체력측정 방법이다.

- 대상자가 눈을 뜨거나 감은 상태에서 오른쪽, 왼쪽 구분 없이 주로 사용하는 발로 서있는 시간을 측정한다.

③ 하지 유연성 측정

하지 유연성을 측정하기 위한 좌전굴 테스트를 실시한다.

- 대상자는 의자에 앉아 발을 뻗은 상태로 상체를 앞으로 굽혀 두 팔을 최대한 멀리 뻗어 가운데 손가락 끝과 발끝사이의 길이를 측정한다.
- 대상자의 무릎이 굽혀지지 않도록 하고 손끝과 발끝이 닿은 시점을 0점으로 하고 2회 측정하여 평균값을 구한다.

④ 보행능력 측정

12m 왕복 걷기를 통해 보행능력을 측정한다.

- 대상자는 출발점에서 12m 지점까지 보행하고 다시 출발점으로 돌아온 시간을 초(sec)단위로 측정한다.
- 가능한 빠르게 걷도록 유도하였으며 2회 측정하여 평균값을 구한다.

3) 운동프로그램

(1) 장점

① 심각한 육체적, 인지적 제한이 있는 노인들을 포함하는 노인들이 근력을 기르기 위해서 발생시키는 저항의 형태가 안전하다.

② 탄력밴드는 보다 전통적인 저항 트레이닝 방법들에 비해서 비용이 적게 든다.

③ 고령자에게 탄력밴드는 전통적인 저항 트레이닝 방법만큼 근력을 이끌어 내는데 효과적이다.

(2) 프로그램 구성요소

고령자들을 위한 저항훈련 프로그램은 세 가지 요소로 이루어진다.

① 트레이닝 전 평가

탄력저항 트레이닝 프로그램의 시작과 함께 올 수 있는 잠재적인 위험의 유무를 판별한다.

② 트레이닝 원칙을 기초로 저항 트레이닝의 처방을 고안함

③ 저항 트레이닝을 유지하거나 증진시키는 기술들

(3) 탄력밴드 운동 프로그램

운동방법

- 양쪽 다리를 넓게 벌리고 무릎을 굽혀 반쯤 앉은 자세로 서기
- 밴드의 중앙부분을 양발로 밟고, 양끝을 양손으로 단단히 잡음
- 이 때 밴드를 잡는 위치는 무릎 옆에 오도록 조절함
- 그 자세에서 무릎을 펴면서 신체를 일으킴
- 상체가 앞으로 넘어지지 않도록 주의하며 팔꿈치는 굽히지 않음

운동횟수

- 주 2-3회
- 한 번에 15-20회
- 3세트
- 세트 당 1분 휴식

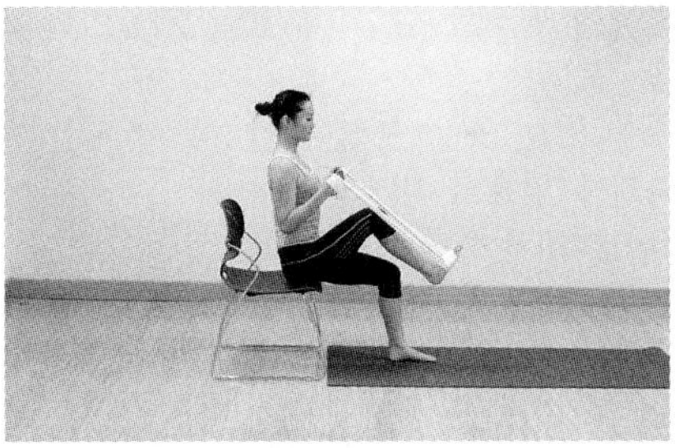

운동방법

- 양손으로 의자를 잡아 편안하게 정면을 향함
- 밴드의 한쪽 끝을 의자의 뒤쪽 다리에 묶고 다른 한쪽 끝은 자신의 발목에 감기
- 등이 안정되도록 한 상태에서 반동을 이용하지 않고 천천히 무릎을 펴기
- 되돌릴 때도 천천히 되돌림

운동횟수

- 주 2-3회
- 한번에 15-20회
- 3세트
- 세트 당 1분 휴식

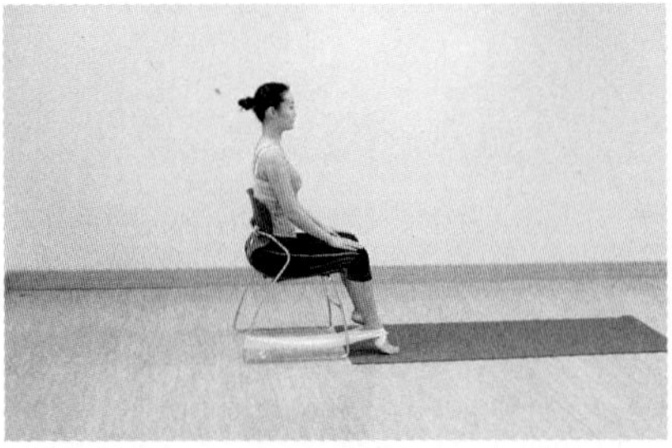

운동방법

- 의자에 앉아 한쪽 다리의 발바닥에 밴드의 중앙부분을 걸고 양끝을 각각 손으로 잡기
- 밴드를 잡은 손은 가슴 옆에 둔 상태에서 다리를 곧게 펴기
- 이 때 손이 함께 움직이면 다리에 충분한 부하가 걸리지 않으므로 손이 움직이지 않도록 자세를 확실히 유지함

운동횟수

- 주 2-3회
- 한번에 15-20회
- 3세트
- 세트 당 1분 휴식

운동방법

- 한쪽 다리의 발목에 밴드를 감고 그 끝을 기둥이나 고정된 곳에 묶음
- 신체를 지탱할 수 있는 곳을 붙잡아 안정을 유지함
- 밴드를 감은 다리를 앞으로 내밀기
- 무릎을 편 채 뒤로 힘차게 끌어당김

운동횟수

- 주 2-3회
- 한번에 15-20회
- 3세트
- 세트 당 1분 휴식

운동방법

- 바닥에 앉아 다리를 편 상태에서 밴드의 양끝을 손으로 잡고 밴드의 중앙을 발끝에 걸기
- 이 때 발끝은 신체를 향하게 해야 함
- 밴드를 눌러 발끝을 바닥으로 숙임
- 장딴지의 종아리 근은 무릎관절에 걸친 근육이므로 무릎을 편 상태 쪽이 작용하기 쉬움

운동횟수

- 주 2-3회
- 한번에 15-20회
- 3세트
- 세트 당 1분 휴식

운동방법

- 바닥에 앉아 다리를 편 상태에서 밴드의 한쪽 끝을 기둥에 고정시키고 밴드의 반대쪽 끝을 발끝에 건다.
- 파트너에서 잡게 해도 됨
- 그 상태에서 발끝을 자기 앞쪽으로 끌어당김

운동횟수

- 주 2-3회
- 한번에 15-20회
- 3세트
- 세트 당 1분 휴식

운동방법

- 바닥에 엎드려 누운 상태에서 한쪽 다리의 발목에 밴드를 감고 다른 한쪽 끝은 고정된 곳에 묶음
- 파트너에게 잡게 해도 됨
- 원래의 위치로 되돌릴 때 힘을 뺄 수 있음

운동횟수

- 주 2-3회
- 한번에 15-20회
- 3세트
- 세트 당 1분 휴식

운동방법

- 의자 뒤에 서서 한쪽 다리에 밴드를 감고 밴드의 끝을 의자 등받이에 묶음
- 양손으로 의자 등받이를 잡아 신체를 안정시키고 그 자세에서 다리를 뒤로 끌어내림

운동횟수

- 주 2-3회
- 한번에 15-20회
- 3세트
- 세트 당 1분 휴식

4) 주의사항

- ○ 주당 2~3회 저항운동을 실시 권장함
- ○ 여러 관절을 이용하여 신체의 주요 근육들을 쓸 수 있는 여러 운동을 1세트나 여러 세트 실시함
- ○ 운동 시 운동 속도를 조절하고(전형적으로 매 반복마다 4~6초), 모든 가동범위를 사용함
- ○ 초보자와 건강하지 않은 고령자는 비교적 가벼운 중량으로 많은 반복을 할 수 있는 운동을 시작하고, 반면에 보다 숙련된 고령자들은 높은 강도로 반복횟수를 줄여서 수행함
- ○ 저항운동 강도의 범위는 최대 60~90%까지 변화 될 수 있으며, 반복횟수는 4~16회 정도가 적당함

3. 심폐기능강화를 위한 운동프로그램

1) 진단방법

(1) 자가 진단법

국제보건기구(WHO)는 대부분의 노인들을 체력과 건강상태에 따라 아주 건강하고 좋은 체력의 수준에서부터 병약한 수준으로 구분하여 분류한다.

① Group Ⅲ : Physically Fit-Healthy

규칙적으로 신체활동에 참여하고 있으며 신체적으로 건강함으로 표현된다. 수년 이상 젊은 사람들과의 운동을 무리 없이 진행 할 수 있다.

② Group Ⅱ : Physically Unfit-Unhealthy Independent

적절한 신체활동에 참여하지 않고 있는 상태로서, 비록 현재는 일상생활에서 아직까지는 독립적인 생활을 하고 있지만, 독립적인 생활을 위협할 수 있는 복합적인 만성 질환에 걸릴 위험이 매우 높은 상태이다.

③ Group Ⅰ : Physically Unfit-Unhealthy Dependent

신체적이고 정신적인 다양한 이유에 의하여 더 이상 독립적인 사회생활을 할 수 없는 상태이다. 요양병원이나 다른 주거시설에서 활용할 신체활동 프로그램이 개발되며 개인에 따라 다양한 종류의 의자나 침대를 활용한 운동이 적용될 수 있다.

국제 보건기구 건강-체력 분류표는 다음 <표 5-1>과 같다.

표 5-1 **국제 보건기구 건강-체력 분류표**

	Physically Fit	Physically Unfit	Physically Unfit Frail
Healthy	GROUP Ⅲ		
Unhealthy Independent		GROUP Ⅱ	
Unhealthy Dependent			GROUP Ⅰ

* 신체활동 여부에 따라 GROUP간 이동할 수 있음을 나타냄.

노인의 체력수준분류표는 다음 <표 5-2>와 같다.

표 5-2 **노인의 체력수준분류**[17)]

구 분	신체 기능
신체적 우수 (Physically elite)	• 시니어 올림픽 선수 수준 • 고위험, 파워 스포츠(행글라이딩, 역도)
신체적 적정 (Physically fit)	• 중등도의 신체활동 가능 • 모든 지구성스포츠와 게임 가능 • 대부분의 취미 활동 가능
신체적 독립 (Physically independent)	• 매우 가벼운 신체활동 가능 • 취미 활동(걷기, 정원일) • 골프, 사교댄스, 여행, 운전 가능 • 도구적 일상 신체활동(IADL) 가능
신체적 허약 (Physically frail)	• 가벼운 집안일, 요리 가능, 식료품 쇼핑 가능 • 일부 도구적 일상 신체활동(IADL) 가능 • 모든 기본적 일상 신체활동(BADL) 가능 • 대부분의 활동 영역이 집안임
신체적 의존 (Physically dependent)	• 일부 기본적 일상 신체활동(BADL) 불가능 • 걷기, 목욕, 옷입기, 식사, 이동 등 • 가정이나 기관의 도움이 필요함
신체적 장애(Disability)	• 신체적 장애 상태로 거의 모든 신체활동이 불가능함

BADL=basic activity of daily living. IADL=instrumental activity of daily living.

17) Spirduso, W. (1995). Physical dimensions of aging. Champaign, IL: Human Kinetics, 339.

(2) 운동부하검사(심전도 포함), 폐기능 검사 및 수준별 분류(상, 중, 하)

- 노인들의 심폐체력 평가를 위해서는 변경된 트레드밀 또는 자전거 에르고메터 사용한다.
- 준비운동시간을 3분보다 더 길게 연장한다.
- 시작 운동 강도를 2~3METs로 설정한다.
- 각 운동단계의 지속시간을 연장하여(최소한 3분) 피험자가 항정상태에 도달하는데 충분한 시간을 허용한다.
- 전체 검사 시간이 8~12분 되도록 하는 계획안을 선택한다.
- 운동부하 검사 시 심폐기능에 따른 체력 수준은 다음 <표 5-3>와 같다.

표 5-3 심폐체력 분류: 최대산소섭취량[18] $(ml \cdot kg^{-1} \cdot 분^{-1})$

나이(세)	나쁨	보통	좋음	아주 좋음	최상
여성					
20~29	≤31	32~34	35~37	38~41	42+
30~39	≤29	30~32	33~35	36~39	40+
40~49	≤27	28~30	31~32	33~36	37+
50~59	≤24	25~27	28~29	30~32	33+
60+	≤23	24~25	26~27	28~31	32+
남성					
20~29	≤37	38~41	42~44	45~48	49+
30~39	≤35	36~39	40~42	43~47	48+
40~49	≤33	34~37	38~40	41~44	45+
50~59	≤30	31~34	35~37	38~41	42+
60+	≤26	27~30	31~34	35~38	39+

18) The Cooper Institute for Aerobics Research. (1997). The Physical Fitness Specialist Certification Manual. Dallas, TX.

2) 운동프로그램

(1) 수준별 운동프로그램

- 심폐지구력 증진 운동은 노인들에게 가장 좋은 효과를 가져다 준다.
  (예, 걷기, 자전거 타기, 수영, 낮은 충격의 유산소 운동)
- 걷기는 미국에서 노인들에게 가장 권해지고 의학적으로 가장 추천되는 운동이다.
- 평균 3.2km 이상(하루 2마일 이상) 걷는 사람들에게 사망률이 50%가 감소되었다(ACSM).
- 조깅은 일반적으로 익숙하지 않은 사람들이나 노인에게는 적합하지 않다.
- 운동 강도 설정을 위한 목표 심박수 방법은 최대 심박수가 운동 부하검사에 의해 결정되어질 때 유용하다.
- 심방세동 또는 잦은 이소성 박동 등의 심방질환이 있거나 심박수 조절을 위해 약을 먹는 사람은 심박수를 이용한 목표 심박수 설정이 유용하다.
- 심박수 이용 운동 강도 설정 방법
  최대 심박수 = 220 - 나이
  목표 심박수 = 최고 심박수의 40-85%
- 노인들의 운동 중 목표 심박수는 다음 <표 5-4>와 같다.

표 5-4 노인들의 운동 중 목표 심박수

연령	목표 심박수(회/분)
40	126～153
50	119～145
60	112～136
70	105～128
80	98～119
90	91～111

○ 나이에 따른 예상되는 최고 심박수는 정확하지 않지만 예상 운동 강도를 위한 지침은 다음과 같다.

낮음 - 이야기 가능, 노래가능, 주변이 덥지 않으며 땀은 안남, 근육의 느낌이 없음.

중간 - 이야기 가능, 노래 불가능, 운동 중에 땀이 남, 근육의 느낌이 없음.

높음 - 이야기 불가능, 노래 불가능, 땀이 남, 근육의 탄력을 느낌

(2) 노인을 위한 심폐기능 강화 운동프로그램

표 5-5 노인을 위한 심폐기능 강화 운동프로그램

<table>
<tr><th>구분</th><th>종류</th><th>강도</th><th>시간</th><th>빈도</th><th>기간</th></tr>
<tr><td>준비운동</td><td>스트레칭</td><td></td><td>10분</td><td rowspan="3">주 2~5일</td><td rowspan="3">12개월 이상</td></tr>
<tr><td>유산소운동</td><td>○ 걷기
○ 고정식 또는 유동성이 적은 사이클
○ 손잡이가 있는 트레드밀</td><td>최대심박수의 40~85%HRmax 수준에서 실시
○ 고수준: 65~85%HRmax
○ 중수준: 55~65%HRmax
○ 저수준: 40~55%HRmax</td><td>매일 30~60분
○ 고수준: 45~60분
○ 중수준: 30~45분
○ 저수준: 30~45분</td></tr>
<tr><td>정리운동</td><td>스트레칭
(유연성 체조)</td><td>호흡을 부드럽게 계속한다.
(자가 근막이완법, 정적 스트레칭)</td><td>10분</td></tr>
<tr><td>움직임 평가</td><td colspan="5">밀기, 당기기, 오버헤드 스쿼트, 의자에 앉고 일어서기, 한 발로 균형 잡기</td></tr>
<tr><td>특별한 고려사항</td><td colspan="5">○ 모든 진행은 자세조절 능력에 근거하여 서서히 이루어져야 하며, 상세히 기록되어야 함.
○ 운동은 지지대가 없이 앉아서 하는 운동에서 서서하는 운동으로 진행되어야 한다.
○ 운동 전 반드시 호흡교육을 통해 운동 시 정상적인 호흡 상태에서 운동할 수 있도록 한다.</td></tr>
</table>

3) 주의사항

(1) 노인을 위한 운동 가이드

사고의 위험성을 최소화 시켜야 한다.

피로하지 않는 범위 내에서 팔과 다리를 많이 사용해야 한다.

노인의 욕구, 건강상태, 장비와 시설, 개인의 기호나 가용시간을 고려한다.

관절부위 및 활동근육에 무리를 주지 않는 운동을 선택하여 한 시간 정도 지속할 수 있는 강도로 운동할 수 있어야 한다.

사고의 위험성을 최소화하기 위하여 운동의 강도조절을 해야 한다.

운동 전후에 가벼운 몸 풀기를 하도록 한다(예, 가벼운 보행, 스트레칭 등).

운동 후 몸이 풀려 있을 때 근육을 펴는 체조 등으로 정리운동을 한다.

(2) 노인을 위한 운동프로그램 수행 시 유의 사항

노인을 위한 운동프로그램 수행 시 유의할 점은 <표 5-6>과 같다.

표 5-6 고령자의 운동프로그램 수행 시 유의사항

의학·생리학적 요인
호흡 순환계 능력의 저하 중등도 이상 강도의 운동능력수행 저하 외인성 자극(예: 운동, 더위, 추위)에 대한 적응 능력 및 회복능력의 저하 근력저하와 피로감의 증대 골, 관절, 건의 변성 외상을 입기 쉽고 통증도 느끼기 쉽다. 균형감, 신경근 협응의 저하 시력, 청력의 저하 보행동작의 노화
심리학적 요인
건강의 저하 노인이란 이렇다는 잘못된 자각 심리적 억압 증대 운동에 대한 소극적인 태도 자기 이미지의 왜곡

4. 면역력 증가를 위한 운동프로그램

1) 개요

- ○ 노화에 의해 면역기능은 감소하고 감염에 대한 저항력도 감소한다.
- ○ 규칙적인 운동은 면역반응에서 선두체제를 구축하는 초기면역(innate immunity)과 그 이후의 적응면역(adaptive immunity)을 증진시킨다.
- ○ 특히 적응면역 중 세포매개 면역반응(cell-mediated immune response)과 항체매개 면역반응(antibody-mediated immune response)을 증진시킨다.
- ○ 하지만 이러한 운동도 몸의 상태가 건강하거나 몸에 맞는 운동을 규칙적으로 실시해야 효과적이다.
- ○ 운동에 의한 상기도 감염에는 여러 가지 이유가 있을 수 있으나 주로 운동에 대한 스트레스, 타액에서의 면역글로불린 A(immunoglobulin A; IgA)의 감소 등을 들 수 있다. 타액의 면역글로불린 A는 운동을 수행하는 사람의 상기도 감염에 대한 초기면역반응을 구축하는데 있어서 중요한 역할을 한다.
- ○ 중정도 운동을 수행 했을 때 상기도 감염의 위험이 가장 낮고, 오히려 매우 강한 운동을 하게 되면 오히려 상기도 감염의 위험이 증가한다.

○ <그림 5-1>은 운동강도와 상기도 감염 위험의 관계를 나타낸 그림이다.

그림 5-1 J형 모델 : 운동강도와 상기도호흡감염(URTI)의 위험성

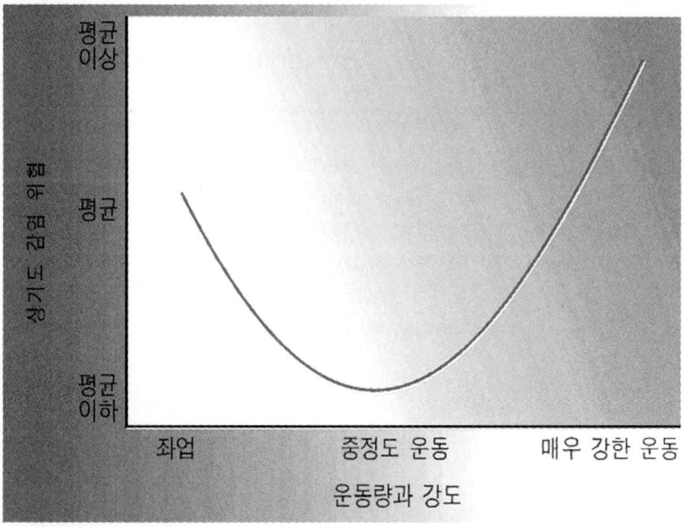

○ 운동의 경험이 없거나 스트레스나 질병이 있는 상태에서의 운동은 오히려 신체에 부담을 주어 면역력을 악화하는 결과를 초래하게 된다.

○ 일회성의 운동도 체력수준에 맞게 수행되어야 하는데, 장시간 너무 무리하게 수행하면 에너지 고갈과 함께 면역력의 감소를 초래하여 상기도 감염과 같은 질환을 야기된다.

○ <그림 5-2>는 고강도 연속적인 운동과 감염간의 가설적 관계를 나타낸 그림이다.

그림 5-2 고강도 연속적인 운동과 감염간의 가설적 관계

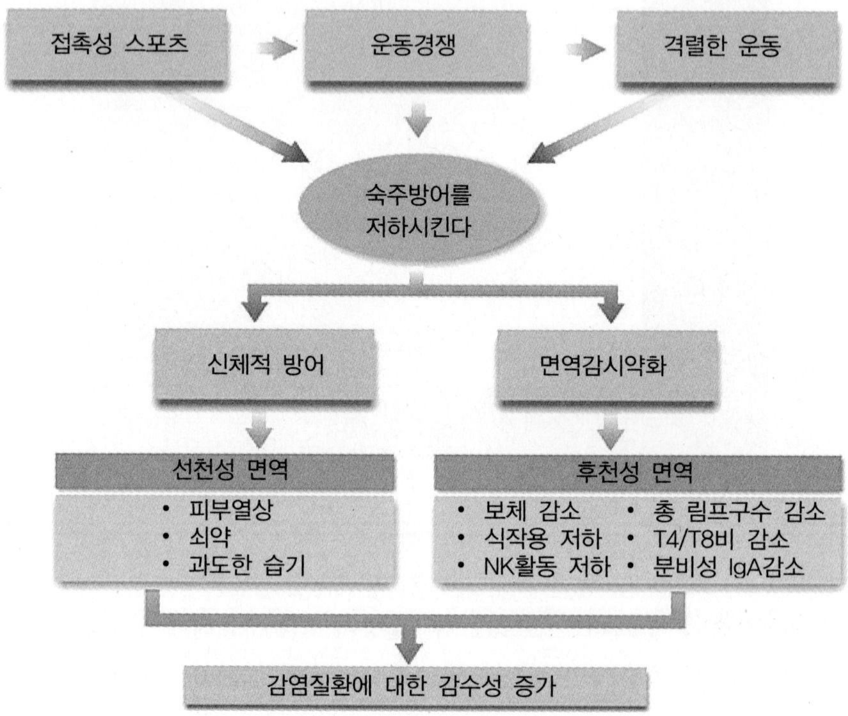

2) 의학적 검사

○ 노화함에 따라 신체의 면역기관인 흉선이 퇴화하면서 면역물질 및 면역기능이 감소된다.

○ 그러므로 노화함에 따라 고령자의 혈중 면역지표에 많은 변화가 생긴다.

○ 면역기능 관련 물질 중 노화함에 따라 많은 변화가 일어나는 혈관 염증 물질의 변화가 아래의 <표 5-7>과 같다.

표 5-7 노화에 따른 면역지표의 변화

면역지표	노화에 따른 변화
Leucocyte subsets in the blood	
Leucocytes total	←→
Lymphocytes	↓
Monocytes	↑←→
Neutrophils	↑
Lymphocyte subsets (number)	
$CD4^+$ cells	↓
$CD8^+$ cells	↓
B cells	←→
NK cells	↑←→
Phenotype and function of T cells	
Virgin T cells ($CD45RA^+CD62L^+$)	↓
Memory T cells ($CD45R0^+$)	↑
CD28 expression	↓
Mean length of telomeres	↓
Proliferation induced by mitogens	↓
Proliferation induced by recall antigens	↓←→
Delayed-type hypersensitivity in vivo	↓
IL-2 production	↓←→
IFN-γ production	↑←→
IL-10 production	↑
IL-4 production	↓↑
Innate immunity and inflammation	
Cytotoxic activity per NK cell	↓
Proinflammatory and anti-inflammatory cytokines	
(TNF-α, IL-6, IL-1RA, sTNF-R; plasma concentrations)	↑

3) 운동프로그램

○ 고령자의 면역증진을 위한 운동방법은 중강도 정도의 유산소성 운동과 근력증진을 위한 저항성운동프로그램을 동시에 병행하는 것이 좋다.

○ 고령자의 면역증진 운동프로그램은 다음 <표 5-8>과 같다.

표 5-8 고령자의 면역증진 운동프로그램

구분	종류	강도	시간	빈도	기간
준비운동	스트레칭		10분	주2회	12개월 이상
저항성운동	Inner thigh Rowing Squat Trunk curl Chest press Back extension Abdominal sit-up	10RM 1set, 각 세트 후 3분 휴식	40분		
페달링운동	자전거 에르고미터	약 60%HRmax	30분		
지구성운동	음악에 맞춘 스텝 운동 볼이나 덤벨을 이용한 체조 동적 스트레칭 운동	50~60% VO_2max	25분 25분 20분		
정리운동	스트레칭 (유연성 체조)		10분		

4) 주의사항

○ 고령자의 면역증진을 위한 운동 시 탈진적 운동으로 인한 인체의 항상성이 파괴되어 면역기능이 오히려 감소되는 것을 유의해야 한다.

○ 중강도 이하의 운동 수행시의 장점과 탈진적 고강도 운동 수행시의 단점은 다음 <표 5-9>에 나타난 바와 같다.

표 5-9 중강도 이하의 운동과 탈진적 고강도 운동이 면역반응에 미치는 영향

중강도 이하의 운동	탈진적 고강도 운동
1. 백혈구수, 호중구수 증가	1. 림프구아형(T, B, NK 세포) 절대수와 비율 감소
2. 호중구 기능의 활성	2. T4/T8 비율 감소
3. 대식세포기능의 활성	3. 항체합성 감소
4. NK 세포수와 세포독성(NKCA) 증가	4. 타액 중 IgA 감소와 상기도호흡감염률 증가
5. 림프구 증식(유사분열 물질자극)	5. 종양성장에 대한 저항력 감소
6. 감염에 대한 저항력, 종양성장 억제	6. 자가면역질환 유발
7. 혈청면역글로불린 항징	7. 사이토카인의 면역조절기능 약화

Ⅵ

생활습관질환을 위한 운동프로그램

1. 고혈압 환자를 위한 운동프로그램
2. 당뇨병 환자를 위한 운동프로그램
3. 비만인을 위한 운동프로그램

1. 고혈압 환자를 위한 운동프로그램

1) 개요

고혈압은 여러 가지 합병증을 일으켜 사망률을 높이는데 심근비대, 심부전, 뇌출혈, 신경화증과 신부전, 악성고혈압 등이 발생하게 되며 동맥경화증과 뇌세동맥경화증을 일으키고 관상동맥경화로 협심증, 심근경색과 급사를 일으키며, 뇌경색증, 안저동맥경화와 출혈을 일으킨다. 이러한 합병증 발생은 종전에는 확장기 고혈압이 주로 작용하는 것으로 생각되었으나, 수축기 고혈압도 이런 작용을 하며 뇌혈관장애는 수축기 혈압이 더 많이 작용한다. 고혈압은 비만, 고지혈증, 흡연 등으로 인하여 상승작용을 하므로 운동 및 약물 치료 등과 방법을 이용하여 혈압을 감소시키는 것은 고혈압에 대한 위험뿐만 아니라 고혈압에 의한 합병증을 예방할 수 있다.

2) 원인

(1) 인종

미국에는 백인에게서보다 흑인에게 고혈압이 훨씬 많이 발생하며, 우리나라 사람들은 비교적 낮은 발생율을 나타내고 있으나 계속적인 증가추세를 나타내고 있다.

(2) 나이

나이가 많아질수록 혈압은 상승한다. 55세 이상의 남자와 65세 이상의 여자는 심장이나 혈관질환의 위험성이 높기 때문에 60대가 되어서 혈압이 높으면 치료를 해야 한다.

(3) 가족력

양친이 모두 고혈압이면 자녀의 약 80% 정도가 고혈압이 되고, 양친 중 한쪽이 고혈압이면 자녀의 25~40%가 고혈압이 될 가능성을 가지게 된다.

(4) 비만

살이 쪄서 체중이 증가하면 혈압이 올라간다. 통계에 의하면 비만인은 정상인보다 3배 이상 고혈압에 잘 걸리고 당뇨병과 고콜레스테롤 혈증도 많다. 살이 찌고 체중이 늘면 더 많은 피가 순환되어야 하는데, 그러면 심장과 혈관은 더 많은 일을 해야 하고 혈압이 올라갈 가능성이 많아진다. 또 체중이 늘면 인슐린의 분비가 증가되고, 인슐린은 체내에 물과 소금을 저장하려는 작용이 있어서 혈압이 올라갈 수 있다. 그리고 비만한 사람은 그렇지 않은 사람들보다 지방분을 많이 섭취하는 경향이 있어 동맥경화증에 걸릴 위험 또한 높다. 동맥경화증은 혈관이 좁아지고 혈관을 딱딱해지게 만들기 때문에 고혈압과 큰 연관이 있다. 비만자가 체중을 4.5kg 정도만 감량해도 혈압이 상당히 감소될 수 있으며, 10kg 정도 줄이면 염분 제한을 하지 않더라도 혈압이 25/10mmHg 정도 감소될 수 있다.

(5) 운동부족

운동은 심장을 튼튼하게 해주기 때문에 고혈압치료에 중요하다. 또 운동이 부족하면 체중이 증가하게 되므로 운동부족은 고혈압의 위험을 상승시킨다.

(6) 흡연

담배 속의 니코틴을 비롯한 각종 유해 물질은 혈관을 손상시켜서 딱딱하게 만들고 고혈압을 일으킬 수 있다. 또한 아드레날린이라고 하는 호르몬의 분비를 증가시켜서 혈압을 올리기도 한다. 이밖에도 담배에서 나오는 일산화탄소는 산소 부족을 가져와 더 많은 피의 순환을 요구하게 된다.

(7) 소금

하루에 20g 이상의 많은 양의 소금을 섭취하는 사람은 고혈압에 걸리기 쉬운데, 그 이유는 염분이 혈관을 수축시키고 말초혈관의 저항을 높이기 때문이다. 소금을 과다하게 섭취하면 혈압이 올라간다는 사실은 의학적으로도 입증되어 있다.

(8) 저칼륨증

칼륨의 섭취가 적으면 염분이 체내에 많이 쌓일 수 있고, 그러면 고혈압의 발생 위험이 증가할 수 있다.

(9) 알코올의 과다섭취

하루 서너 잔 이상의 술을 마시는 사람들은 술을 마시지 않는 사람에 비해 고혈압이 생길 위험이 많이 증가한다. 술을 마시는 것이 어떻게 고혈압을 일으키는지 그 기전은 잘 알려져 있지 않다.

(10) **스트레스**

스트레스를 받으면 체내에서 혈압상승물질(아드레날린)의 분비가 늘어나 혈압이 올라간다. 아드레날린이라는 물질은 혈압상승 작용뿐만 아니라 교감신경 흥분작용 등 여러 가지 작용을 통해 고혈압 이외에도 건강에 많은 해를 끼친다. 스트레스가 혈압을 지속적으로 상승시키지는 않지만, 스트레스에 의해 일시적으로 고혈압이 생길 수 있고, 다른 일반 고혈압과 마찬가지로 혈관을 손상시킬 수 있다.

3) 기전

혈압은 심박출량과 말초저항의 곱에 의해 결정된다. 따라서 심박출량이나 말초저항을 자극시키는 인자에 의해 혈압이 상승할 수 있다. 심박출량은 심장으로 들어오는 혈액의 양과 심장의 수축력에 의해 결정된다. 짠 음식을 많이 먹거나, 콩팥에서 소금과 수분 배출이 잘 안되어 체내 수분의 증가로 인해 혈액량이 증가되거나, 스트레스에 의해 교감신경 활성화로 심근수축력이 항진되면 심박출량은 증가하여 혈압이 상승한다. 또한 스트레스로 인해 교감신경이 항진되고 레닌-안지오텐신계가 활성화되면 혈관수축과 혈관비후가 일어나 말초혈관저항을 상승시켜 고혈압이 발생된다.

4) 병인

(1) **본태성 고혈압**

- 유전 : 다인자성, 여러 가지 다른 유전적 결합의 총체
- 환경 : 소금 섭취, 비만, 직업, 알코올 섭취, 가족 수, 주거의 혼잡정도

- 소금에 대한 감수성(환자의 약 60%)
- Renin
- Sodium ion, Chloride ion, Calcium ion
- 세포막의 결함 : 평활근 세포막의 sodium 정체, 교감신경 활동 증가

(2) 이차성 고혈압

- 신장성 고혈압 : 신혈관성, 신실질성
  (신혈류 감소 → renin → angiotensin II → aldosterone 증가)
  예) angiotensin II : 혈관수축, 동맥압 상승, aldosterone 분비 자극(→sodium 정체)
- 내분비 고혈압 : aldosterone, 고칼슘혈증, 부갑상선 항진증, 경구피임제
- 이차성 고혈압의 주요 원인
  신장질환 신부전(renal failure)
  신장염(nephritis)
  신혈관성고혈압(renovascular hypertension)
  내분비질환 부신(adrenal) : 쿠싱병(Cushing's syndrome)
  갑상선질환 : 갑상선기능저하증, 갑상선기능항진증
  호르몬 섭취 : 피임제(에스트로겐), 스테로이드
  혈관질환 대동맥축약(coarctation of aorta)
  임신자간증, 임신중독증
  신경질환 뇌압상승 등

5) 합병증

표 6-1 고혈압으로 인한 합병증

	고혈압으로 인한 장기 손상	합병증
심장의 부담증가	심근비대, 심실확장	심부전
	상대적 혈류감소	협심증
	관상동맥경화 → 폐색	심근경색
말초혈관의 부하증가	혈관평활근의 비대경화 → 혈관저항증가	고혈압악화
	신혈관장애 → 신기능저하	신부전
	망막혈관장애 → 안저출혈, 백반	시력장애
	뇌혈관장애 → 위축, 확장 고혈압성뇌증, 뇌동맥경화, 뇌경색 출혈, 뇌출혈	

6) 진단

- 정상혈압은 140/90mmHg 이하이며, 고혈압은 160/95mmHg 이상일 때 진단하고, 그 사이는 경계역 고혈압이라고 함
- 임상에서는 경계역 고혈압도 고혈압으로 취급하므로 일단 수축기 혈압이 140mmHg 이상이거나 이완기 혈압이 90mmHg 이상이 되면 고혈압증이 있다고 의심됨
- 수축기 혈압은 측정할 때 마다 변하여 다른 수치를 보이지만 이완기 혈압은 거의 항상 일정함
- 이완기 혈압이 정상혈압보다 높아져 있을 때는 수축기 혈압이 정상일지라도 조심해야 하며 꾸준한 관리 필요함
- 이완기 혈압이 특별히 높아져 있을 때는 세소동맥경화가 나타난 것으로 보아야 하며, 악성고혈압이 의심됨

표 6-2 고혈압의 분류

	수축기(mmHg)		이완기(mmHg)	처치
최적혈압	120이하	그리고	80이하	
정상혈압	129이하	그리고	84이하	2년 안에 재검사
높은 정상혈압	130～139	그리고	85～89	1년 안에 재검사
		고혈압		
1단계(Mild)	140～159	또는	90～99	2달 안에 확정
2단계(Moderate)	160～179	또는	100～109	1달 안에 확정
3단계(Severe)	180이상	또는	110이상	1주 안에 확정

(1) 고혈압 자가 체크 리스트

- 손발이 저리다.
- 뒷머리가 아프다(아침에 심하다).
- 어지럽다.
- 두근거린다.
- 쉽게 피로하다.
- 코피가 난다.
- 소변에 피가 섞여 있다.
- 시야가 흐려졌다.
- 갑자기 힘이 빠졌다가 금세 회복된다.
- 가슴이 조이듯이 아프고 답답하다.
- 호흡이 불편하다.
- 숨이 차다.
- 귀에서 소리가 난다.
- 정신이 혼란하고 착란 증세가 있다.
- 혼자 중얼중얼한다.
- 행동이 일상에서 벗어난다.

표 6-3 고혈압 자가 체크 리스트

문항의 해당사항에 ○표 해주십시오. 표시된 항목들이 왼쪽으로 치우쳐 있다면 오른쪽으로 이동될 수 있도록 노력하시기 바랍니다.

체중	많이 살찐 편이다	살찐 편이다	정상 또는 마른 편
흡연	하루에 한 갑 이상	반갑~한갑 정도	거의 피우지 않는다
음주	많이 마시는 편이다	하루 소주 1~2잔	거의 마시지 않는다
스트레스	긴장을 많이 하는 편	보통 정도	거의 느끼지 않는다
음식의 간	짜게 먹는 편이다	보통 정도	싱겁게 먹는다
외식	매일 한 끼 이상	1주일에 3~4회	1주일에 2회 이하
국 또는 찌개	국물을 다 먹는 편이다	국물을 남기는 편이다	자주 먹지 않는다
라면	매일 한 끼 이상	1주일에 3~4회	1주일에 2회 이하
가공식품	매일 한 끼 이상	1주일에 3~4회	1주일에 2회 이하
식탁 소금, 간장	자주 사용한다	가끔 사용한다.	거의 사용하지 않는다
화학조미료	자주 사용한다	가끔 사용한다.	거의 사용하지 않는다
채소 및 해조류	잘 먹지 않는 편이다	매일 1~2끼 먹는다.	매끼 먹는다
과일	1주일에 2회 이하	1주일에 3~4회	하루 한번 이상
유제품	1주일에 2회 이하	1주일에 3~4회	하루 한번 이상
식사의 량	배부르게 먹는다	많을 때도 적을 때도 있다	8부정도 먹는다

(2) 고혈압 자가진단 시 유의점

- 혈압은 반드시 앉아서 재거나 누운 상태에서 측정해야 한다.
- 혈압을 측정하는 체위에서 5분 정도 안정을 취한다.
- 대화는 혈압을 올리므로 하지 않는다.
- 혈압계의 압박대가 심장의 높이에 오도록 한다.
- 혈압에 영향을 줄 수 있는 외인성 인자(흡연, 식사직후, 운동전후, 추위, 방광충만 등)를 피한다.
- 고혈압을 정확히 진단하기 위해서는 최소한 3회 이상 혈압을 기준으로 한다.

- 보통 아침의 혈압이 높기 때문에 아침 중에 일정한 시간을 택하여 혈압을 측정하는 것이 바람직하다.

7) 예방

(1) 고혈압의 식이요법

- 정상체중을 유지
- 염분의 섭취를 제한
  고혈압인 사람의 일일 소금 섭취량은 6～8g 이하가 적당
- 콜레스테롤과 포화지방산의 섭취를 제한
  심혈관계 질환의 예방을 위해 콜레스테롤과 포화지방산이 많이 들어있는 동물성 지방을 제한하고 식물성 지방을 이용
  쇠간, 곱창류 등의 내장류, 달걀노른자, 오징어, 문어, 낙지, 새우 같은 해산물 등의 식품은 가끔씩 소량만 섭취하고, 콩기름, 들기름, 등푸른 생선 등의 섭취를 권장
- 단백질을 충분히 섭취
  충분한 단백질의 섭취는 식염의 혈압상승을 억제, 동물성 단백질은 제한
- 당분의 과잉 섭취 제한
  당분을 과잉 섭취하면 체내에서 중성지방을 만들고 중성지방은 비만의 원인이 될 뿐 아니라 동맥경화증을 초래
- 칼륨과 칼슘을 적극 섭취
  칼륨과 칼슘은 식염에 의한 혈압상승을 억제
  칼슘부족은 혈액의 산성화를 초래하며, 염분의 과다 섭취로 고혈압이 되었을 경우에 칼슘을 섭취하면 혈압이 내려가므로 하루 200ml의 우유를 권장
- 비타민, 무기질을 충분히 섭취
  비타민, 무기질은 신체의 생리작용을 조정하므로 비타민 A, B1, B2, B6 함유

식품을 충분히 섭취하는 것이 바람직

- 섬유소가 풍부한 식품을 충분히 섭취

  섬유소는 혈중 콜레스테롤을 낮추는 효과가 있고, 포만감을 주어 체중조절에도 많은 도움을 주므로 충분히 섭취

  현미, 잡곡, 콩류, 해조류, 과일, 채소류에 많이 함유

- 알코올의 섭취를 절대적으로 제한

  많은 양의 알코올 섭취는 혈압을 상승시킬 뿐 아니라 혈압 강하제의 복용 시 약의 효과를 저하시킴

  초기에는 금주를 권장하며 음주 시에는 하루 맥주 1~2캔, 소주 1~2잔, 포도주 120~240cc 정도의 범위 내에서 섭취

- 카페인 음료의 섭취를 제한

  카페인은 혈압을 급격히 상승시키므로 커피(하루 3~5잔 이하), 홍차, 코코아, 콜라 등의 섭취를 제한

- 규칙적인 식습관

  고혈압은 과식, 편식하는 사람에게 많이 발생하므로 1일 3회씩 일정한 시간에 균형 잡힌 식사를 하는 것이 매우 중요

(2) 고혈압의 생활요법

- 수면은 하루 중 에너지를 가장 쓰지 않는 시간이므로 수면하는 동안 혈압은 내려간다. 그러므로 규칙적인 시간에 6~7시간의 충분한 숙면을 취하는 습관을 갖도록 한다.
- 겨울에는 혈압이 상승하므로 추위에 대비하도록 해야 한다. 특히 너무 추운 날씨의 외출은 가능하면 피하는 것이 좋다.
- 알맞은 목욕법을 익힌다. 즉, 너무 깊지 않은 욕조에서 미지근한 물로 하는 것이 안전할 뿐만 아니라 혈압을 떨어뜨릴 수 있는 좋은 목욕법이 된다.
- 매일 매일의 배변을 통해 혈압의 상승을 막는다. 특히 야간에 소변을 자주 보는 경우에는 실내화장실을 이용하도록 한다.

- 금주, 금연을 실천해 혈압 상승의 원인을 막아야 한다.
- 항상 정신적으로 마음의 안정을 갖고 스트레스 해소를 위해 최대한 노력한다.
- 노동이나 긴장은 혈압을 상승시키므로 강한 육체노동이나 정신적인 긴장이 계속되는 직업은 피한다.
- 운전 중에는 긴장감이 지속되어 혈압의 상승을 가져오므로 장거리 운전은 하지 않는 것이 좋다.
- 출장이나 여행 중에는 자신의 건강 체크를 한 다음 충분한 대책을 마련하도록 한다.

(3) 고혈압의 운동요법

- 가벼운 운동부터 서서히 시작하여 점차 강도를 높여 간다.
- 정신적, 육체적인 안정은 물론 환경이 좋을 때 운동을 한다.
- 운동을 한 후 너무 뜨거운 물로 샤워하는 것은 좋지 않다.
- 신발은 발바닥이 아프지 않을 것은 물론, 발과 허리에 무리를 주지 않는 것을 골라야 한다.
- 신체에 약간이라도 이상이 발견되면 그 즉시 운동을 중지하는 것이 좋다.
- 규칙적으로 운동을 해 주는 것이 좋으며, 운동시간은 15~20분 정도가 적당하다.
- 가벼운 체조, 산책 등의 적당한 운동으로 체중을 조절하고 혈압을 조절한다.
- 운동할 때 구토증상이나 호흡곤란, 두통, 강한 피로감, 현기증, 가슴앓이 등의 증상이 생기면 그 즉시 운동을 중지해야 한다. 운동량이나 종류에 따라 무리를 하게 되면 오히려 건강을 잃는 역효과를 가져 올 수 있다.

8) 운동프로그램

표 6-4 고혈압 환자를 위한 운동프로그램[19)]

	프로그램 A	프로그램 B	프로그램 C
환자유형	○ 50세 이하이며 CVD가 없는 고혈압 전 단계 ○ 50세 이상 1단계 고혈압	○ CVD가 있는 고혈압 전 단계 ○ CVD가 없는 50세 이상의 고혈압	○ 50세 이상 CVD가 없는 상태 ○ CVD를 포함한 고혈압
운동검사	필요하지 않음	권유함	권유함
운동형태	○ 걷기, 조깅, 자전거, 수영 등과 같은 유산소 활동 ○ 근량 유지를 위한 저항 운동	○ 의료진의 평가 전까지 걷기, 자전거 ○ 근육 유지를 위한 저항 운동	○ 자전거, 수영 등과 같은 저 충격 운동 ○ 근육 유지를 위한 저항 운동
운동빈도	6~7일/주	5~7일/주	5~7일/주
운동강도	○ 일반적 몸 상태를 위한 최대심박수의 50~65%에서 점진적 유산소 활동 20~30분 실시	○ 의료진의 평가와 동의가 있기 전까지 저~중등도 수준 실시 ○ 이후 최대 심박수 85%까지 유산소 프로그램 유지 근육 유지를 위한 저항 트레이닝에 기초한 지구력을 유지	○ 저~중등도, 저 강도로 1일 20~30분 점진적으로 실시한 후 1일 45~60분으로 증가
운동시간	○ 1일 30~60분 목표 (주당 유산소 운동 최소 150분)	○ 1일 20~30분 실시하며, 점진적으로 30~60분으로 증가	○ 1일 20~30분 점진적으로 실시하며, 30~60분으로 증가(최소 주당 150분)
체중	○ 과체중 환자에 대해서, 식이 수정을 통한 체중감소를 강조 ○ 목표는 1일 유산소 운동 60분이며, 상해를 피하기 위해서 유산소 활동 형태를 교대로 수행하는 것을 제안 ○ 반복횟수는 12~15회 3세트로 지구력 저항트레이닝을 강조하지만, 본 운동으로 저항트레이닝을 하지 않으며, 무게를 들 때는 호흡을 멈추지 말아야 함		

CVD : Cardiovascular disease

19) Baster, T., & Baster-Brooks, C. (2005). Exercise and hypertension, Australian Family Physician, 34(6), 419-424.

(1) 고혈압 환자를 위한 운동프로그램

① **준비운동** : 5~20분 정도 충분히 몸을 풀어준다.

운동방법

- 벽 앞에서 서서 손바닥을 벽에 댄다.
- 한 발을 앞으로 내밀고 앞굽이 자세를 취한다.
- 벽을 눌러주면서 몸을 신전시킨다.

운동방법

- 벽 앞에 서서 손바닥을 벽에 댄다.
- 한 발을 앞으로 내밀고 뒷발은 약간 굽힌다.
- 벽을 눌러주면서 몸을 신전시킨다.

운동방법

- 한 팔을 목 뒤로 넘기고 나머지 한 팔은 목뒤로 넘긴 팔의 팔꿈치를 잡는다.
- 잡은 팔꿈치를 당기며 신전시킨다.

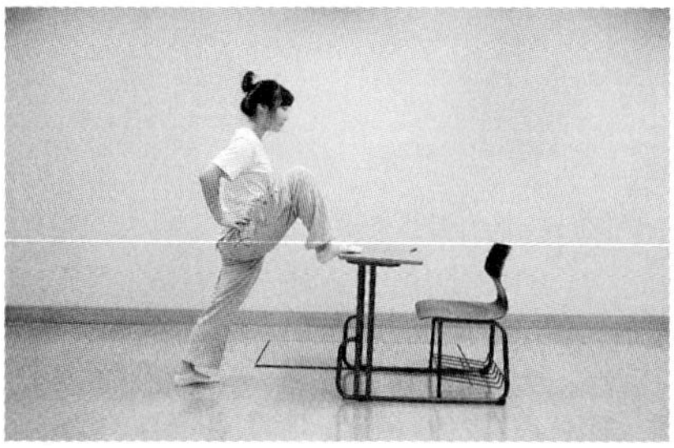

운동방법

- 허리정도의 높이가 있는 둔턱에 다리를 올린다.
- 올린 다리를 눌러주면서 신전시킨다.

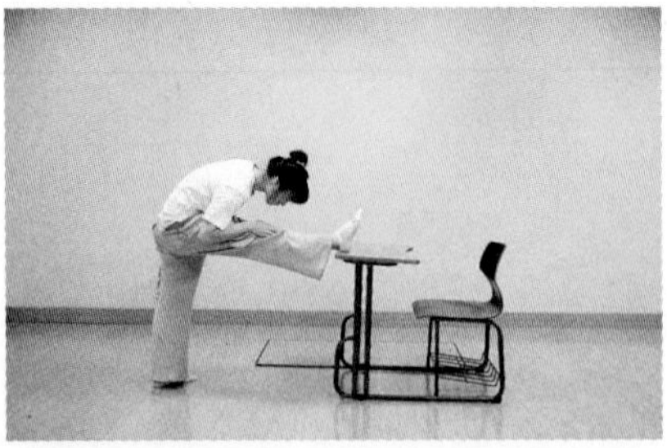

운동방법

- 허리정도의 높이가 있는 둔턱에 다리를 올린다.
- 올린 다리를 펴고 눌러주면서 신전시킨다.

운동방법

- 허리를 숙여 두 팔이 땅에 닿도록 한다.

운동방법

- 허리정도의 높이가 있는 둔턱에 옆으로 다리를 올린다.
- 몸을 옆으로 신전시킨다.

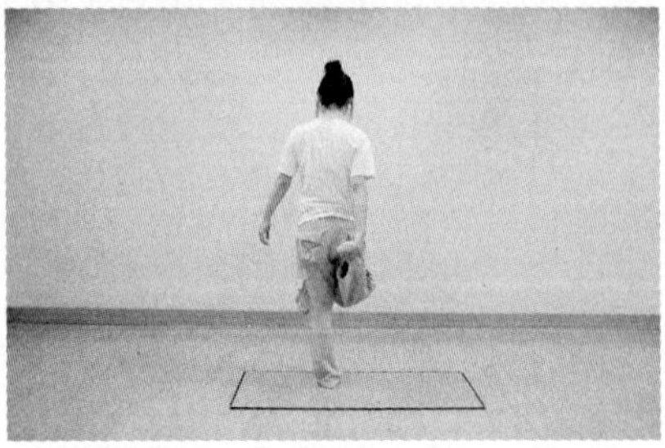

운동방법

- 한 발을 뒤로 올리고 그 발목을 잡는다.
- 발목을 엉덩이 쪽으로 당기면서 신전시킨다.

운동방법

- 쪼그려 앉으면서 신전시킨다.

운동방법

- 한 발을 앞으로 길게 뻗으며 굽힌다.
- 굽힌 발을 눌러주며 신전시킨다.

운동방법

- 자리에 앉는다.
- 두 발을 모아 자기 쪽으로 붙인다.
- 허리를 숙여 몸을 신전시킨다.

운동방법

- 자리에 앉는다.
- 두 다리를 굽혀서 옆으로 놓는다.
- 허리를 뒤로 젖혀서 신전시킨다.

운동방법

- 자리에 앉는다.
- 한 발은 앞으로 펴고, 다른 발은 앞으로 굽힌다.
- 편발의 발목을 잡으면서 허리를 굽힌다.

운동방법

- 자리에 앉는다.
- 한 발은 앞으로 펴고, 다른 발은 가슴에 닿도록 굽힌다.

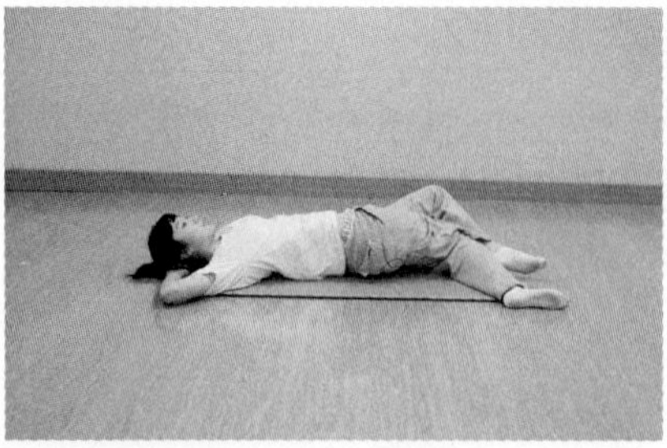

운동방법

- 자리에 눕는다.
- 양 팔은 깍지를 끼고 머리 뒤에 둔다.
- 두 발은 무릎을 굽혀 옆에 놓는다.
- 두 발을 바닥에 붙이면서 신전시킨다.

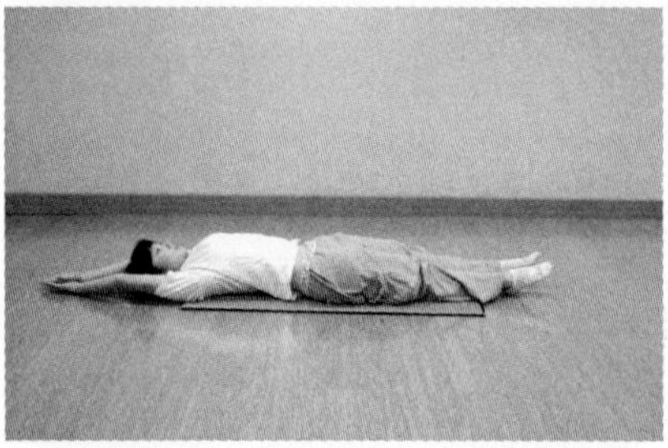

운동방법

- 자리에 눕는다.
- 양 팔과 양 다리를 편다.

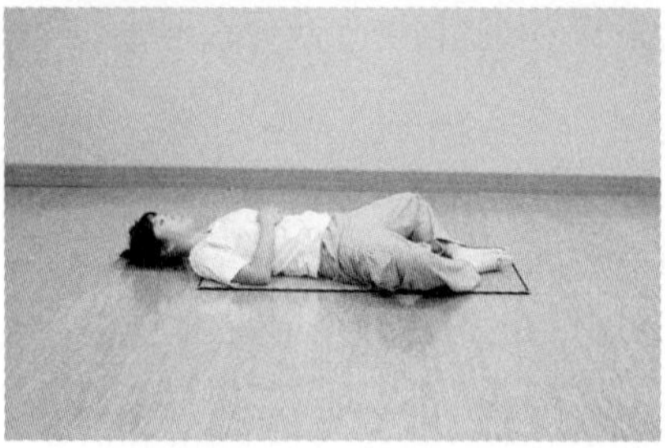

운동방법

- 자리에 눕는다.
- 양 발을 굽혀서 발바닥이 서로 붙도록 한다.

② **본운동 - 근력강화 운동** : 20~30분 동안 실시

운동방법

- 바닥에 엎드린다.
- 엎드려 팔굽혀펴기 또는 무릎대고 팔굽혀펴기를 한다.

운동방법

- 바닥에 눕는다.
- 두 팔을 깍지를 끼고 목뒤로 넘긴다.
- 양발은 고정하고 윗몸을 일으킨다.

운동방법

- 바닥에 눕는다.
- 다리를 90도로 눕힌다.
- 한발을 들었다가 내리기를 한다.

운동방법

- 바닥에 옆으로 눕는다.
- 바닥에 닿지 않은 발을 올렸다가 내리기를 한다.

운동방법

- 바닥에 눕는다.
- 양 발을 굽히고 양 팔은 머리 뒤에 둔다.
- 서로 다른 무릎과 팔꿈치를 붙인다.

운동방법

- 바닥에 눕는다.
- 양 무릎을 90도로 굽히고 엉덩이를 든다.

운동방법

- 몸을 엎드린다.
- 양 다리를 어깨넓이보다 더 벌린다.
- 팔과 다리는 펴고 배를 바닥쪽으로 민다.

③ **마무리운동** : 10~30분 정도로 실시, 마무리 운동은 휴식보다 근육 내 피로물질인 젖산을 효과적으로 제거하므로 운동 후 피로를 없애려면 반드시 해야 한다.

9) 주의사항

- 안정시 수축기 혈압이 200mmHg 이상이거나 확장기 혈압이 110mmHg 이상일 경우는 운동을 하지 않는다.
- 운동에 의한 혈압의 증가는 정상이지만 과도한 혈압의 상승, 즉 수축기 혈압이 220mmHg 이상이거나 확장기 혈압이 105mmHg 이상에 이르면 운동을 중단한다.
- 저항성 운동 중 호흡조절을 효과적으로 해야 한다. 즉 근수축이 이루어질 때 숨을 참지 말고 내쉬며 근육 이완기에서는 숨을 들이마신다.
- 새로운 저항 운동을 시작할 때에는 운동 중 혈압을 측정하여 과도한 혈압 상승을 피한다.
- 추운 날씨에는 혈관이 수축하므로 갑작스런 저항 운동을 수행할 경우 과도한 혈압 상승을 초래할 수 있으므로 주의한다.

(1) 혈압 강압제를 복용하는 경우

- 베타 차단제(β blocker)는 최대화 및 최대 운동 부하 중에 심박수를 낮추고, 운동능력을 감소시킬 수도 있다. 따라서 심박수를 사용하여 운동의 강도를 측정하는 경우에는 베타 차단제의 복용 여부에 따라 조절이 필요할 수도 있다.
- 베타 차단제와 이뇨제(diuretics)를 복용하는 경우에는 습기가 많고 더운 날씨에는 체온조절에 문제가 발생 할 수 있다. 따라서 이러한 약물을 복용하고 있는 환자는 일사병과 관련된 신호나 증상들을 숙지하여야 하며, 미연에 예방할 수 있도록 환경에 맞게 운동습관을 조절해야 한다.
- 알파 차단제(α 1-blocker와 α 2-blocker), 칼슘차단제(calcium channel blocker), 혈관이완제(vasodilator) 같은 약물들은 운동 직후 혈압강하를 심화시킬 수 있으므로 정리운동을 필히 포함한다.

2. 당뇨병 환자를 위한 운동프로그램

1) 개요

(1) 당뇨병이란?

인슐린의 부족으로 인해 세포가 포도당을 이용하지 못해 혈중에 당이 증가하는 질환

(2) 종류

제1형 : 아동기에 발병하는 인슐린 의존형
제2형 : 성인기에 발병하는 인슐린 비의존형
저혈당 : 혈액에 당이 부족 한 것
고혈당 : 혈액에 당이 너무 많을 때
임신성 당뇨병
기타 당뇨병
* 예) 유전자이상에 의한 당뇨병, 췌장질환으로 인한 당뇨병, 내분비질환에 발병된 당뇨병, 약물이나 감염에 의한 당뇨병

표 6-5 제1형과 제2형 당뇨병의 분류

	제1형 당뇨병	제2형 당뇨병
발병 시기	30세 이전	40세 이상
발병 양상	급격하게 진행	서서히 진행
원　인	바이러스감염 등에 의한 췌장세포파괴로 인슐린 생산저하 또는 손실	유전적인 경향이 강하며 비만, 노화, 스트레스 등에 의해 진행
비만과의 연관성	없음	있음
췌장의 인슐린 분비	완전 결핍	감소되거나 정상 (인슐린 저항성의 개념)
사용 약물	인슐린	경구용 혈당 강하제, 인슐린

2) 합병증

(1) 당뇨병의 급성합병증

① 저혈당

- 혈액 속에 당이 필요량보다 모자라는 상태 (보통 혈당이 50mg% 이하)
- 증상 : 공복감, 두통, 식은 땀, 가슴 두근거림, 떨림, 손발 저림, 심하면 경련, 발작, 혼수
- 당뇨병성 케톤산 혈증
- 당뇨병성 고삼투압성 혼수

② 저혈당의 원인

- 식사를 거르는 경우
- 식사를 적게 하는 경우
- 평소보다 운동량이 많은 경우
- 약물을 과다하게 복용한 경우

③ **저혈당의 증상**

공복감, 식은땀, 현기증, 흥분, 불안정, 가슴두근거림, 떨림, 두통, 피로감

(2) **당뇨병의 만성 합병증**

① **소혈관 합병증**

- 눈 : 당뇨병성 망막증, 실명, 백내장, 녹내장
- 신장 : 단백뇨, 부종, 만성 신부전증
- 신경 : 당뇨병성 신경병증(감각이상, 저린감, 통증)
  기립성 저혈압, 위장운동 장애, 배뇨장애, 성기능장애

② **대혈관 합병증**

고혈압, 뇌졸중, 협심증, 심근경색, 동맥경화증, 하지괴저

3) 진단

표 6-6 당뇨병의 진단 (단위 : mg/dL)

	공복시 혈당	식후2시간 혈당
정상	110미만	140미만
내당능 장애	110～125	140～199
당뇨병	126이상	200이상

* 서로 다른 시간에 위 기준중의 하나를 두 번 이상 만족하면 진단가능

(1) **증상**

- 피곤하고 힘이 없다.
- 눈이 뿌옇게 보임
- 흐릿하게 보인다.

- 손이나 발이 저리다.
- 만사가 귀찮다.
- 성기능이 떨어진다(남성).
- 음부가 가렵고 냉하다(여성).
- 상처가 잘 낫지 않는다.
- 감염성 질환에 잘 걸린다.
  (감기, 요도감염 등)

(2) 저혈당의 치료

- 하던 일을 즉시 중지하고 휴식을 취한다.

① 응급처치

- 의식이 있는 경우: 약 5～20g의 당질을 함유한 음식물 섭취
  (각설탕 2～3개, 콜라 반 컵, 주스 반 컵 등)
- 의식이 없는 경우: 억지로 음식물을 먹이면 음식이 기도로 넘어가서 심각한 폐렴의 위험이 있으므로 주의한다.
- 병원 응급실로 빨리 후송
- 저혈당에 대비하여 당뇨병 인식표 및 비상용 음식을 항상 휴대하도록 한다.

4) 운동프로그램

- 체중조절
- 혈당조절
- 건강증진 효과 (심장과 폐 기능 개선)
- 정신적 스트레스 해소

(1) 운동유형

- 즐거움을 얻을 수 있는 운동을 선택한다.
- 당뇨인들에게 적합한 운동형태: 유산소 운동
- 속보, 조깅, 수영, 에어로빅스, 자전거 타기, 수중걷기 등
- 무릎 손상과 발 염증의 위험을 예방하기 위해 하체에 부담을 주는 운동(줄넘기, 뜀뛰기, 계단오르내리기)은 가급적 피한다.

(2) 운동 강도

- 안전하면서도 적절한 운동효과를 볼 수 있는 운동의 강도
- 최대심박수의 60~75%를 유지할 정도의 강도: 최대심박수(회/분) = 220 - 나이
- 운동 시 목표심박수(회/분)

  = (최대심박수-안정시 심박수) × 운동 강도 + 안정시 심박수

  예) 안정시 심박수가 1분에 70회인 50세 당뇨인의 운동시 목표심박수는?

  * 최대심박수 = 220 - 50 = 170회/분

  * 운동시 목표심박수 = (170 - 70) × 0.6 + 70 = 130회/분

  (170 - 70) × 0.75 + 70 = 145회/분

즉, 1분에 130~145회의 심박수를 유지할 정도의 강도로 운동을 해야 안전하면서도 효과가 있다.

- 50대까지 맥박 129/분 이하
- 60~70대는 맥박 100/분 이하

(3) 지속시간

- 10~30분 가능하면 1일 2회

(4) 운동 빈도

- 3~5일/주

(5) 준비운동 & 정리운동

○ 준비운동의 효과
- 체온을 높여준다.
- 근육의 온도를 높여준다.
- 심장에서의 혈액공급을 적절하게 조절한다.

○ 가벼운 조깅과 맨손체조, 스트레칭을 이용하여 근육을 이완시켜주도록 하며, 약간의 땀이 나도록 한다.

○ 정리운동은 운동 후의 몸을 운동전의 상태로 돌아가는 과정으로 충분한 스트레칭과 가벼운 체조 등을 반드시 하도록 한다.

○ 휴식시간을 통해서 최대한 신속하게 피로를 제거하고 다음 운동에 대한 중요한 영향을 미친다.

① 당뇨병 환자의 운동프로그램

표 6-7 걷기운동 프로그램

속도 1600m/20분			
운동단계 (주)	거리 (Km)	목표시간 (분)	주당빈도 (회)
1~2	1.6	20	
3~4	2.0	25	
5~6	2.4	30	
7~8	2.8	35	
9~10	3.2	40	5
11~12	3.6	45	
13~14	4.0	50	
15~16	4.4	55	
17~18	4.8	60	

표 6-8 조깅운동 프로그램

속도 3200m/26분				
주 (week)	방법	거리 (km)	목표시간 (분)	주당빈도 (회)
1	걷기	1.6	18	
2	걷기	2.0	36	
3	걷기	2.4	54	5
4	걷기	2.8	52	
5	걷기/조깅	3.2	26	

표 6-9 자전거 타기 운동 프로그램

주 (week)	운동거리 (Km)	목표시간 (분)	주당빈도 (회)
1	4.8	12	4
2	4.8	18	4
3	6.4	25	4
4	6.4	24	4
5	8.0	32	5
6	8.0	28	5
7	8.0	24	5
8	9.6	30	5
9	9.6	26	6
10	11.2	32	6
11	11.2	30	6
12	11.2	28	6

표 6-10 수영 운동 프로그램

주 (week)	운동거리 (m)	목표시간 (분)	운동빈도 주당횟수
1	300	15	4
2	300	12	4
3	400	15	4
4	400	13	4
5	500	16	5
6	500	14	5
7	600	17	5
8	600	15	5
9	700	50	6
10	700	18	6
11	800	22	6
12	800	20	6

표 6-11 줄넘기 운동 프로그램

주 (week)	운동시간 (분)	목표시간 (분)	운동빈도 주당횟수
1	5:00	40~60	3
2	7:30	40~60	3
3	8:30	50~70	3
4	8:30	50~70	3
5	9:30	60~80	3
6	9:30	60~80	3
7	5:00	70~90	4
8	5:00	70~90	5
9	7:30	70~90	4
10	7:30	70~90	5
11	10:00	70~90	4
12	10:00	70~90	5
13	12:00	70~90	5
14	12:00	70~90	5
15	15:00	70~90	5
16	15:00	70~90	5

5) 주의사항

- 자신의 몸이 운동하기에 적합한지 전문의와 상의 하도록 한다(당뇨병, 합병증, 심장, 관절, 발, 최대운동능력 등).
- 공복 혈당이 250mg/dL을 넘는 경우에는 운동을 하지 않도록 한다.
- 운동전에 가급적 혈당을 체크한다.
- 저혈당으로 인슐린 처방을 받고 있는 경우, 주치의와 상의한 후 운동하도록 한다(인슐린이나 경구혈당 강하제를 사용하는 당뇨환자가 운동을 하는 경우).
- 인슐린 주사 후 60~90분 이내에는 운동을 피하고, 운동 전-후 자가 혈당측정을 하여 혈당 변화를 확인하도록 한다.
- 가벼운 운동에서 시작하여 천천히 운동량을 늘려 나가도록 한다.
- 식사 바로 전이나 늦은 밤에는 운동을 하지 않도록 한다.
- 비상용 당분 식품(설탕, 주스, 과일)등과 당뇨병 인식표를 반드시 휴대하여 저혈당에 대비한다.
- 되도록 다른 사람과 동행하여 운동을 하도록 한다.
- 적절한 신발을 착용하여 발을 보호하도록 한다(양말착용).
- 운동 후에는 항상 발을 주의 깊게 살펴보도록 한다(상처가 나지 않게 한다).
- 물을 많이 마시도록 한다.

3. 비만인을 위한 운동프로그램

1) 개요

비만은 전신의 지방조직에 지방이 지나치게 많이 축적된 상태로서, 지방의 과잉 축적은 섭취에너지가 소비에너지보다 크기 때문에 일어나는 것이다. 비만은 당뇨병과 고혈압, 담석, 통풍 등의 생활습관병을 일으킬 확률이 높고, 동맥경화 등의 심장혈관계 질환을 유발한다고 알려져 있다.

체지방의 분포개념은 남성에게 주로 나타나는 상반신형 비만과 여성에게 주로 나타나는 하반신형 비만으로 분류된다. 상반신형 비만은 복부주변에 지방이 축적되는 것이고 하반신형 비만은 둔부와 대퇴부 주위에 지방이 축적되는 것을 의미한다. 또한 상반신형 비만은 복부의 피하지방에 지방이 축적되는 복부피하지방 비만과 복부내장지방에 지방이 축적되는 내장지방형 비만으로 분류할 수 있다.

2) 진단

(1) **이상 체중법**(Modified Broca's method)

- 가장 많이 쓰이고 있는 계산 방법으로 계산이 간단하기 때문에 많이 사용
- 비만도(%) = (실제체중/표준체중) × 100

  표준체중 = (키(cm) - 100) × 0.9

  → 120%이상 일 때 비만, 120~140% 경도비만, 140~200% 중등도 비만, 200% 이상 고도비만으로 분류

(2) 체질량 지수(Body Mass Idndex; BMI, Quetelet's index)

- 신장, 체중을 이용한 지수중에 가장 체지방량과 관련성이 높아 비만 판정기준으로 공식적으로 사용
- 체질량 지수(kg/m^2) = 체중(kg) / 신장(m^2)
  → 서구 사회에서는 25-29.9 과체중, 30kg/m^2 비만으로 정의하지만, 우리나라를 비롯한 아시아 지역은 25kg/m^2 이상을 비만으로 규정

(3) 복부비만 여부

① 허리둘레

- 배꼽에서 늑골사이에서 가장 좁은 부위의 둘레
- 남자는 90cm, 여자는 80cm 이상이면 복부비만이라고 판정
- 본인이 할 수 있는 가장 손쉬운 자가 진단법

② 허리-엉덩이 둘레 비(Waist-Hip Ratio; WHR)

- 허리둘레와 엉덩이 둘레비를 산출
- 남성은 WHR이 0.90, 여성은 0.85 보다 크면 복부비만으로 정의

(4) 피하지방(Skinfold assessment)

- Jackson 등에 의해 개발된 방법에 의하면 남자는 가슴(chest), 복부(abdominal), 대퇴(thigh) 부위, 여자는 상완삼두근(triceps), 대퇴(thigh), 상장골극(suprailiac) 부위의 피하지방 두께를 더하여 체밀도를 구하고, 구해진 체밀도를 이용하여 Siri 공식으로 체지방률로 환산하여 제시

(5) 생체전기저항 분석법

- 전기 저항을 이용하여 전신에 있는 체지방의 양을 측정
- 남자는 25%, 여자는 30% 이상이면 전신비만이 있다고 판정
- 기술이 어렵지 않고 이용이 간편하고 유해성이 없어 반복검사가 가능하기 때문에 많이 사용

(6) Dual Energy X-ray Absorption method(이중에너지 X-ray 흡수법)

- X-ray를 이용하여 체지방을 측정하는 방법
- 생체전기저항 분석법보다 정확하나 방사선 조사를 받는 단점이 있음

(7) CT를 이용한 복부지방 판정

- 복부지방과 피하지방을 볼 수 있는 가장 정확한 검사법
- 가격이 비싸고 쉽게 이용할 수 있는 검사가 아니며, 고용량의 방사선 조사를 받는 단점이 있음

3) 병인

- 에너지 섭취와 소비의 불균형(과식, 좌식생활, 식이성 발열 저하)
- 지방조직 지단백 리파제(adipose tissue lipoprotein lipase) 증가
- 환경적, 문화적, 유전적, 심리적 요인
- 질병 : 갑상선기능저하증, 쿠싱병, 고인슐린증
- 약물 : 스테로이드, 인슐린, 에스트로겐

(1) **병리적 이상** : 지방세포의 수와 크기 증가

(2) **대사 이상**

- 고인슐린혈증 - 고혈당증, 인슐린 저항성 증가(esp. 조직의 감수성 저하), 당뇨병 악화
- 고지단백혈증 - LDL(↑) → 콜레스테롤(↑) → 지방조직에 축적, 담즙배설(↑) → 담석증 혈중 FFA(↑), 고인슐린혈증 → VLDL

4) 증상

- 대사증후군(고지혈증, 고인슐린증, 고혈압 등)
- 동맥경화 → 고혈압, 고지단백혈증, 당뇨병 → 관상동맥 심질환, 뇌졸중
- 비만-저환기 증후군(피크위키안 증후군)
  수면시 인후근 이완 → 상기도 폐쇄 → 무호흡 → 저산소증, 고탄산혈증 → 심부정맥
- 피부와 관절 질환, 불임증, 심리적 부작용

5) 처치

- 식이요법
- 행동수정 : 비만의 악순환적 사슬끊기, 자극조절, 자가 감시, 포상, 인식 재구성
- 운동요법
- 약물 : 식욕억제제, 열생산촉진제, 흡수억제제
- 수술 : 5년 이상 비만 지속, 고혈압, 당뇨, 심부전 등 질환자

6) 운동프로그램

표 6-12 운동프로그램 예시

요일	운동프로그램
월	1. 준비운동(5분) - 봉체조, 전신 스트레칭 2. 근력운동 상체(30분) ○ 가슴 : 펙-덱, 벤치프레스, 플렛 덤벨 프레스 ○ 광배근(등) : 랫 풀-다운, 시티드 케이블-로우, 원 암 덤벨 로우 ○ 어깨 : 바벨 프레스, 덤벨 프레스, 사이드 래터럴 레이즈 ○ 삼두근 : 트라이셉스 프레스-다운, 덤벨-킥백, 원-암 덤벨 익스텐션 ○ 이두근 : 스탠딩 바벨-컬, 덤벨 컬, 해머 컬 ○ 전완근 : 스탠딩 덤벨 리스트-컬, 3. 유산소운동(20분) - 런닝머신, 자전거타기 중 한 가지 선택 4. 스트레칭(5분)
화	1. 준비운동(5분) - 봉체조, 전신 스트레칭 2. 근력운동 하체/복부(30분) ○ 앞쪽 허벅지 : 레그익스텐션 ○ 뒤쪽 허벅지 : 레그컬 ○ 전체 허벅지 : 스쿼트 ○ 종아리 : 시티드 카프 레이즈, 스탠딩 카프 레이즈 ○ 상복근 : 크런치 ○ 하복근 : 니-업 ○ 횡복근 : 덤벨 사이드 밴드 3. 유산소 운동(20분) - 런닝머신, 자전거타기 중 한 가지 선택 4. 스트레칭(5분)
수	1. 준비운동(5분) - 봉체조, 전신 스트레칭 2. 유산소운동(45분) - 런닝머신, 자전거타기 2가지 운동 3. 스트레칭(10분)
목	1. 준비운동(5분) - 봉체조, 전신 스트레칭 2. 근력운동 상체(30분) ○ 가슴 : 플렛 벤치프레스, 펙-덱 ○ 광배근(등) : 풀-다운, 시티드 케이블-로우 ○ 어깨 : 바벨프레스, 업라이트-로우 ○ 삼두근 : 트라이셉스 프레스-다운, 덤벨-킥백 ○ 이두근 : 스탠딩 바벨-컬, 해머 컬 ○ 전완근 : 스탠딩 덤벨 리스트-컬, 3. 유산소운동(20분) - 런닝머신, 자전거타기 중 한 가지 선택 4. 스트레칭(5분)

요일	운동프로그램
금	1. 준비운동(5분) - 봉체조, 전신 스트레칭 2. 근력운동 하체/복부 (30분) ○ 대퇴사두 : 레그익스텐션, 스쿼트 ○ 대퇴이두 : 레그컬 ○ 종아리 : 시티드 카프 레이즈, 스탠딩 카프 레이즈 ○ 상복근 : 크런치 ○ 하복근 : 니-업 ○ 횡복근 : 덤벨 사이드 밴드 3. 유산소 운동(20분) - 런닝머신, 자전거타기 중 한 가지 선택 4. 스트레칭(5분)
토	1. 준비운동(5분) - 봉체조, 전신 스트레칭 2. 유산소운동(45분) - 런닝머신, 자전거타기 2가지 운동 3. 스트레칭(10분)
일	완전휴식

○ 1주일 6회 유산소운동을 하여 체지방연소를 지속적으로 연소
○ 일주일에 6회(월~토) 훈련
○ 상체와 하체를 나누고 유산소운동을 매일하는 프로그램
○ 각 운동종목당 1~4세트 12~15회 반복
○ 운동 시 세트 간 약 30초 휴식
○ 유산소운동을 실시할 때는 처음과 마지막 5분간은 서서히 약한 강도로 함

7) 주의사항

관절에 무리가 주어지는 운동을 피하고, 만약 바깥에서 하는 운동이 꺼려질 경우 실내운동을 권장한다. 근경직과 정형 외과적 발의 손상을 주의 깊게 관찰하여야 한다. 1개월에 2~4kg정도의 체중감량이 적당하며 그 이상의 체중 감량은 건강상 문제점이 나타날 수 있으므로 체중 감량시 과도한 체중감소가 나타날 경우 의사의 진단이 필요하다. 고도 비만은 다양한 합병증이 동반된 경우가 있으므로 운동처방사와 의사의 처방을 받고 운동을 실시하는 것이 바람직하다.

Ⅶ

운동 재활 프로그램

1. 개요
2. 관절손상
3. 근육손상
4. 골절손상
5. 요통

1. 개요

1) 운동재활이란?

운동 장애를 가지고 있는 대상자가 움직임을 통해 정신적, 신체적, 사회적으로 정상인으로 복귀하는 역동적 과정을 의미한다.

2) 의학검사

X선, CT, MRI 검사 등으로 기초자료를 제공한다.

3) 신체검사 및 기초체력검사

- 심폐지구력검사 : 자전거에르고미터, 트레드밀 → 최대산소섭취량 검사
- 유연성검사 : 좌전굴, 체후굴을 이용한 대퇴이두근과 요부근, 척추기립근 유연성 검사
- 악력검사 : 손 쥐는 힘 검사
- 배근력검사 : 등과 허리근력 검사
- 근지구력검사 : 윗몸일으키기를 통한 복부 지구력 검사
- 민첩성검사 : 불빛 반응검사를 통한 신경전달속도 검사, 사이드 스텝
- 평형성검사 : 눈감고 외발서기, 스틱발란스

- 순발력검사 : 제자리 멀리뛰기, 서전트 점프, 메디신 볼 던지기, 농구공 던지기
- 등속성근력검사 : 바이오덱스, 사이벡스
- 체지방검사 : 생체전기저항측정법, 피하지방두께측정법, 초음파법, CT법, MRI법, 크레아틴법

2. 관절손상

1) 재활순서

- 염증과 통증 제거
- 가동성의 단계(R·O·M)
- 근력 강화 단계(등척성 → 등장성 → 등속성 순으로)
- 기능적 회복단계

2) 견관절

(1) 급성 손상

급성으로 통증이 오거나 부종이 있을 시에는 운동을 쉬고 스트레스가 가해진 부분에 자극을 주지 말고 운동을 제한한다.

(2) 처치 : 냉치료(ice), 거상(elevation)

방치만 하게 되면 주위근육과 관절이 굳을 수 있기 때문에 재활운동은 조기에 실시한다.

(3) 견관절의 통증과 염증의 조절

처음에는 견관절이 움직이지 않는 상태에서 어깨에 6~10초 간 힘을 주는 등척성 운동을 실시한다(주의: 손상 받은 쪽으로 절대 굽히지 말고 부딪히거나 흔들지 않도록 한다).

(4) 관절가동범위(Range of Motion, ROM) 회복

(5) 근력강화운동

견관절 회전근, 견갑골 주위근육 강화운동을 실시하며, 이 시기에는 등장성운동을 주로 실시한다(모래주머니 들기, 튜빙밴드, 세라밴드, 아령 등).

견관절 재활운동으로서 근력운동(등척성, 등장성 개방 역학적 사슬운동, 플라이오메트릭 근력강화운동)을 실시한다.

예) 벤치프레스, 랫풀다운, 견관절 굴곡・신정・외전・내전・내회전, 외회전

(6) 지구력 강화운동(유산소운동, 팔 자전거)

(7) 기능적 훈련

가동범위와 근력, 지구력이 80%이상 회복 되었을 때 실시한다.

① PNF 근력강화운동(신경근 조절운동)

② 스트레칭 운동

\- 재활예방

규칙적으로 웨이트트레이닝 등 보강운동을 꾸준히 실시, 재활 프로그램을 유지한다.

3) 주관절

(1) **등척성**(Isometric exercise)

- 등장성 개방역학적 강화사슬운동((Isotonic Open kinetic chain exercise) : 손바닥 이나 발바닥의 말단 부분을 바닥이나 벽에 대지 않고 하는 운동 (예, 아령 들기, 앉아서 슬관절 신전)
- 등척성 주관절 굴곡 : 반대 손으로 주관절의 굴곡(flexion)시 저항을 준다.
- 등척성 주관절 신전 : 반대 손으로 주관절의 신전(extension)시 저항을 준다.
- 등척성 손목회외 : 반대 손으로 외회 시 저항주기
- 등척성 손목회내 : 반대손으로 내회 시 저항주기
- 등장성(무게를 일정하게 하고 관절을 움직이면서 하는 운동) : 주관절 굴곡·신전·손목관절 회외·회내 등
- 쥐기 운동(고무공 등) : 손목의 굴근과 손의 내재근 강화운동

(2) **폐쇄역학적 사슬 운동**(Close kinetic chain exercise)

발이나 손 같은 말단부분을 바닥이나 벽 같은 곳에 대고 하는 운동
(예, 발을 붙이고 슬관절을 구부렸다가 폈다가 하는 운동, 볼 운동, 팔굽혀펴기)

(3) **등속성 운동**(Isokinetic exercise)

등속장비를 이용하여 일정한 속도로 최대한 운동을 하는 것. 예) 바이오덱스 등

(4) PNF(Proprioceptive Neuromuscular Facilitation) **강화운동**

신경근 조절운동, 고유감각 강화운동

고유수용성 신경근 촉진법(Proprioceptive Neuromuscular Facilitation ; PNF)은 장애인을 비롯한 모든 인간은 개발 가능한 잠재력을 가진다는 철학을 기초로 발견되지 않은 잠재력을 일이키기 위한 방법이다.[20] 스트레칭은 신경근 기전의 반응을 촉진 또는 억제시키는 훈련이다. 근육, 건, 관절의 자기자극감수기의 활동, 이동, 자세를 결정하는 감수기군으로 이 감수기는 압력과 신장에 반응한다. 'Facilitation'의 원래 뜻은 도움, 보조의 뜻이지만, 신경생리학에서는 자극에 의한 신경원의 흥분성 증가를 말한다. 다시 말해서 'facilitation'은 각 근육이 상호간 촉진하는 결과로서 일부에 힘이 약한 근이 있어도 길항근에서의 촉진적 영향을 받고 단독일 때보다 훨씬 강하게 작용하는 '흥분의 확산'을 말한다. 따라서 운동 기능이 저하된 사람에게 뉴런의 흥분성을 강화하는 기술로서 자극을 증가, 보강시키면 기능향상에 효과적이다. PNF 스트레칭은 근력을 향상시키고 근력을 균형 있게 발달시키며 관절의 안정성을 증가시키고 근지구력과 혈액순환 기능을 향상시킨다.

(5) 스트레칭

(6) 플라이오메트릭스운동

재활의 마지막 단계에 실시하는 운동으로서 근육을 스트레칭 한 후 최대한 수축력을 유도하기 위한 훈련: 플라이오볼 혹은 메드신볼이라는 공을 사용해서 던지기운동, 점프의 운동 등이 포함된다.

(7) 관절 가동화 기법

관절의 가동화를 위해 스트레칭 후 유연성과 ROM범위를 증가시킨다.

---

20) Kabat, H. (1950). Studies on neuromuscular dysfunction XIII. New concepts and techniques of neuromuscular reeducation for paralysis. Permanente Foundation Medical Bulletin, 8, 121-143.

(8) 신경근육조절 재활운동

슬라이드 보드운동, 고유감각진동 운동, 타이밍 감각운동

4) 손목, 손, 손가락 재활운동

(1) 근력강화운동(개방역학적 사슬 근력강화운동)

신전, 굴곡운동, 아령 들기 운동, 아령 들고 돌리기 운동, 내전, 외전운동 등 (손목-위, 아래, 좌, 우 운동 → 중량 들고 운동, 탄력봉 들고 운동)

(2) **근력 강화 운동(폐쇄 역학적 사슬 근력강화운동)**

벽에서 팔굽혀 펴기 → 바닥에서 실시, 벽에 대고 굴근, 신근운동

(3) **스트레칭과 관절 가동범위 운동**

손목신근 : 주관절을 최대 신전하고 팔을 어깨 높이로 했을 때 최대의 스트레칭 이 가능

(4) **건의 가동성 운동**

(5) **관절의 가동화 운동**

(6) **신경근조절을 회복하기 위한 운동**

5) 골반 재활운동

(1) **근력 강화 운동(등장성 개방역학적 사슬 근력 강화 운동)**

통증 없는 범위에서 고관절 굴곡, 장요근의 점진적, 저항적 근력강화운동, 다리 펴고 들어올리기 운동, 고관절 신전, 고관절 내전, 외전, 내회전, 외회전, 슬굴곡근 점진적 저항적운동 등)

(2) **근력 강화 운동(폐쇄역학적 사슬 근력 강화 운동)**

레그프레스, 스쿼트, 런지 등

(3) **등속성 운동**

기계이용

(4) **PNF 근력 강화 운동**

(5) **스트레칭 운동**

6) 슬관절 재활운동

(1) 근력 강화 운동(등장성 개방역학적 사슬 근력 강화 운동)

고관절 외전, 내전, 곧게 다리 올리기, 슬관절의 굴곡, 신전, 발목 족저굴곡

운동방법

- 누운 상태에서 다리를 곧게 올린다.
- 다리에 무리가 가지 않게 손으로 지지한다.

운동효과

- 슬관절 근력강화

운동방법

- 누운 상태에서 한쪽 다리를 굽혀 지지하고 엉덩이를 들어줌과 동시에 반대쪽 다리를 곧게 펴준다.

운동효과

- 슬관절 근력강화

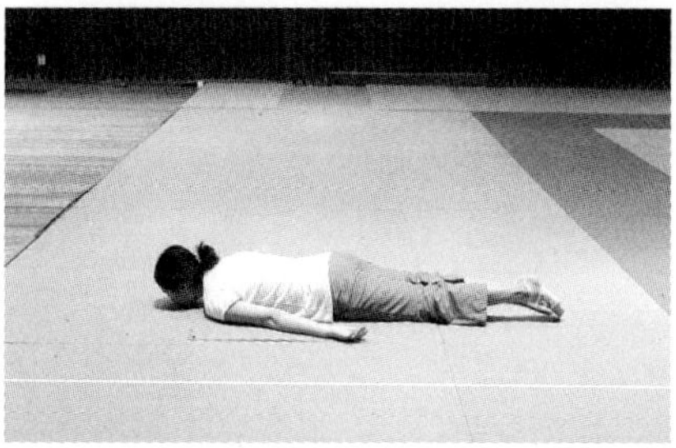

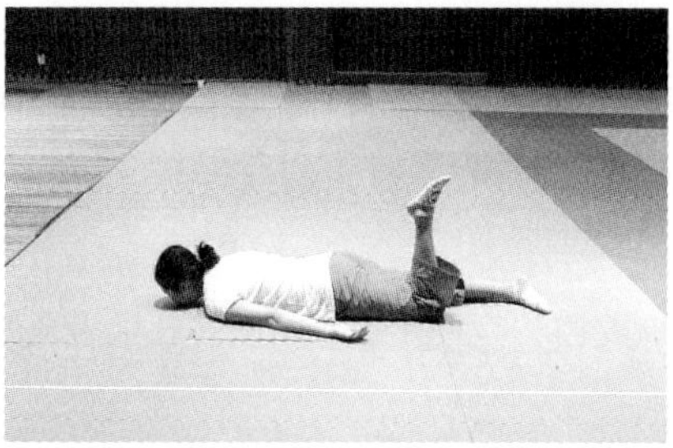

운동방법

- 엎드린 상태에서 허리를 눌러 주면서 뒷꿈치를 엉덩이 방향으로 당겨주는 운동을 반복한다.

운동효과

- 슬관절 근력강화

(2) 근력 강화 운동(폐쇄역학적 사슬 근력강화운동)

미니스쿼트, 대퇴사두근 강화를 위한 서서 벽밀기, 런지, 레그프레스 운동 등

운동방법

- 스쿼트와 동일하게 실시한다.
- 신체에 무리가 가지 않을 정도의 가벼운 중량으로 운동을 시작한다.

운동효과

- 슬관절 근력강화

운동방법

- 런지와 동일하게 실시한다.
- 신체에 무리가 가지 않을 정도의 가벼운 중량으로 운동을 시작한다.

운동효과

- 슬관절 근력강화

운동방법

- 스쿼트와 동일하게 실시하되, 가벼운 덤벨을 어깨에 올리고 실시한다.
- 신체에 무리가 가지 않을 정도의 가벼운 중량으로 운동을 시작한다.

운동효과

- 슬관절 근력강화

(3) 등속성 강화 운동

대퇴사두근 강화 슬관절 신전, 슬굴곡근 강화를 위한 슬관절 굴곡, 경골 회전 등

운동방법

- 레그컬과 동일하게 실시한다.
- 신체에 무리가 가지 않을 정도의 가벼운 중량으로 운동을 시작한다.

운동효과

- 슬관절 근력강화

운동방법

- 레그 익스텐션과 동일하게 실시한다.
- 신체에 무리가 가지 않을 정도의 가벼운 중량으로 운동을 시작한다.

운동효과

- 슬관절 근력강화

3. 근육손상

1) 햄스트링

표 7-1 햄스트링 손상 및 재활 - 1단계

햄스트링 염좌의 치료 *(계속)* Modified Clanton, Coupe, Willams, and Bronzman Protocol			
1단계 급성	**시간표**	**목 표**	**치 료**
	3~5일	부종과 통증조절	Rice 요법
	1~5일	출혈과 염증 제한	부목고정(신전에서 단기간), NSAIDs.
	5일 후	근섬유의 유착을 방지	통증없는 관절가동역운동(부드러운 스트레칭), 양말을 신고 견고한 바닥에 앉는다. 걸이(sling)에 발이 있는 것처럼 발 둘레로 수거을 놓는다. 부드럽게 수건을 당겨 뒤꿈치를 엉덩이쪽으로 옮긴다. 3~5초간 유지 후 천천히 처음 자세로 돌아간다. 뒤꿈치 미끄러짐 운동(heel slide), 양말을 신거나 뒤꿈치 밑에 수건을 놓고 견고한 바닥에 앉는다. 부드럽게 무릎을 굽혀 발이 엉덩이에 닿은 후 처음자세로 돌아간다.

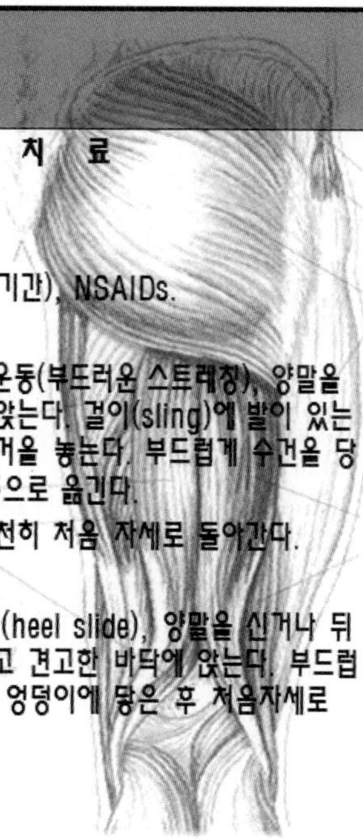

표 7-2 햄스트링 손상 및 재활 - 2단계

햄스트링 염좌의 치료 *(계속)* Modified Clanton, Coupe, Willams, and Bronzman Protocol			
2단계	**시간표**	**목 표**	**치 료**
아급성기	1주일까지 3일에서 3주	•정상보행 •통증 및 부종 조절 •전범위의 능동적 관절가동역 •콜라겐 정렬 •콜라겐 강도 증가	햄스트링 스트레칭, 발목 밑에 작은 받침이나 수건을 말아 놓은 후 견고한 바닥에 앉는다. 햄스트링근을 수동적으로 스트레칭하기 위해 대퇴의 가장 높은 부위에 3~5파운드의 무게를 놓는다. •목발 •냉치료, 압박 및 전기자극 •통증없는 풀 활동 •통증없는 능동적 및 수동적 관절 가동역운동 •통증없는 준최대 등척성 운동, 손상된 하지를 약간 굽히고 뒤꿈치는 매트에 대고 견고한 바닥에 앉는다. 뒤꿈치를 견고한 바닥에 밀고 엉덩이를 향하여 당긴다. 사지에서 실제 움직임은 일어나지 않는 것이 중요하다. 단지 햄스트링근만 수축한다. 수축을 5초간 유지하고 이완한다. 또한 제자리 자전거타기도 시행한다.

표 7-3 햄스트링 손상 및 재활 - 3단계

햄스트링 염좌의 치료 *(계속)* Modified Clanton, Coupe, Willams, and Bronzman Protocol			
3단계	**시간표**	**목 표**	**치 료**
리모델링	1~6주	•심혈관 조건화 유지 •2단계의 목표를 획득 •통증 및 부종을 조절 •콜라겐 강도를 증가	•건강한 다리로 제자리 자전거타기(well-leg stationary bike), 부력으로 수영하기, 상체운동 •냉치료 및 압박 •냉치료 및 전기자극 •복와위 단축수축성 등장성 운동(prone concentric isotonic exercise). 고관절의 가동역을 증가시키기 위해 고관절 밑에 베개를 놓고 견고한 바닥에 엎드린다. 환측 다리에 모래주머니를 달고 다리를 굽혀 발뒷꿈치를 엉덩이를 향하야 움직인다. 굴곡운동을 천천히 시행한 후 처음 자세로 돌아간다. •기립 단축수축성 등장성 운동(standing concentric isotonic exercise). 지지를 위해 벽이나 테이블 근처에 선다. 모래주머니를 환측 다리에 찬다. 무릎의 정렬을 유지하면서 환측 다리를 굽혀 뒤꿈치를 엉덩이를 향해 천천히 조절하여 움직인다.

햄스트링 염좌의 치료 *(계속)* Modified Clanton, Coupe, Willams, and Bronzman Protocol			
3단계: 리모델링	시간표	목 표	치 료
			등속성 운동 적절한 장비가 갖추어진 시설에서 가로지르는 안정띠를 묶고 테이블에 엎드린다. 환측다리는 대퇴부를 가로지르는 안정띠로 묶는다. 발목은 기계의 이동팔(movable arm)에 묶는다. 치료사는 적정한 속도와 각도로 움직임을 수행하도록 컴퓨터를 프로그램 한다.

표 7-4 햄스트링 손상 및 재활 - 4단계

햄스트링 염좌의 치료 *(계속)* Modified Clanton, Coupe, Willams, and Bronzman Protocol			
4단계: 기능성	시간표	목 표	치 료
	2주~6개월		•바퀴달린 의자, 바퀴달린 의자에 앉아 앞으로 전진한다. 처음에는 양측 다리를 동시에 사용하고 차츰 한 다리씩 번갈아서 시행한다. 나중에는 한쪽 다리만 사용하여 훈련한다.
		•햄스트링근 유연성 향상 •편심성 부하 향상	•골반 기울이기 운동 전에 습열이나 가벼운 운동을 시행한다. •복와위 편심성 운동. 하지를 빨리 굴곡하는 것을 제외하고 구심성 운동과 동일하게 시행하며, 시작자세로 돌아올때 천천히 조절하여서 시행한다. 줄넘기도 동일. •기립 편심성 등장성 운동. 하지를 빨리 굴곡하는 것을 제외하고 기립 구심성 운동과 동일하게 시행하며, 시작자세로 돌아올때 천천히 조절하여서 시행한다.
		•재발없이 운동에 복귀	•걷기/조깅, 조깅/전력질주, 운동 특이적 기술 및 훈련

(2) 예방

근력 불균형, 적절한 유연성의 부족, 적절한 준비운동의 부족, 전체적인 컨디션이 햄스트링 손상의 발생에 다양한 역할을 하므로, 이런 요소들을 조절하는 것이 중요한 예방법이다.

경기 참가 전 햄스트링 스트레칭 방법과 준비운동법은 다음과 같다.

(3) 스트레칭 및 준비운동

(4) 강화방법

4. 골절손상

1) 재활순서

- 염증과 통증 제거
- 가동성의 단계
- 근력 강화 단계(등척성 → 등장성 → 등속성 순으로)
- 기능적 회복단계

2) 발목골절

① 발 앞쪽에 가한 압력을 견딜 수 있게 되면 수건을 이용한 발목스트레칭을 시작.
다리를 앞으로 쭉 편 상태로 앉은 뒤, 수건으로 양쪽 발바닥을 감쌌다가 무릎 쪽으로 당긴다. 10~15초간 이 상태를 유지하고 15초 정도 쉬었다가 반복한다.

② 선 자세에서 종아리 스트레칭 시도

③ 발목에 부종이 일어나지 않으면 발목 관절가동범위 운동, 탄력밴드 운동실시 가능

④ 통증이 없이 선 자세로 유지가 되면 발뒤꿈치 들기, 발가락 들기, 한 발로 균형 잡기, 줄넘기의 재활이 가능하다.

위의 내용은 자가 치료 운동이며, 앞에서 언급했던 관절 손상 시 행해지던 운동요법을 실시하면 된다.

3) 기타부위

충분한 스트레칭 실시, 방향과 움직임에 있어 급 방향 전환과 갑작스런 변화를 피한다.

부상이 있었던 부위에는 테이핑 등을 이용한다.

수시로 웨이트트레이닝을 실시하여 근육과 건을 강화시킨다.

5. 요통

1) 요통환자의 운동요법

(1) 예방 및 재활운동

Lower limb knee flexor mm

Lower trunk flection

Other

Stabilisation

Stabilisation

Stabilisation

Stabilisation

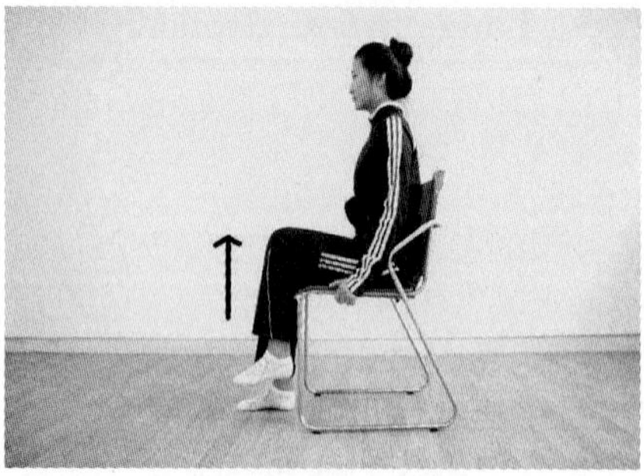

While body

Lower limb calf mm

Abdominals rectus body exercises

Control flection

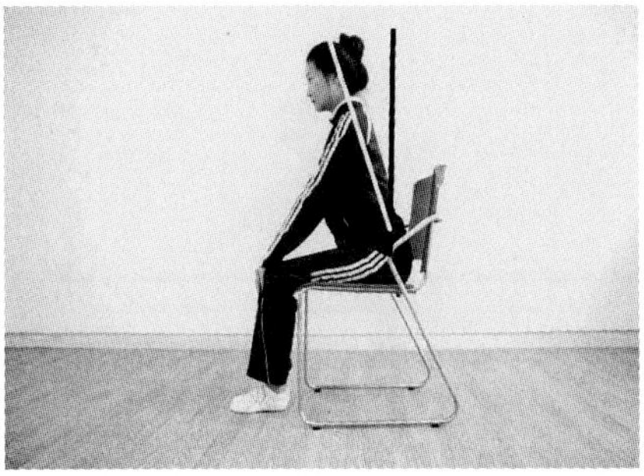

Lower trunk extension

Lower trunk extension

Lower trunk extension

Upper trunk extension

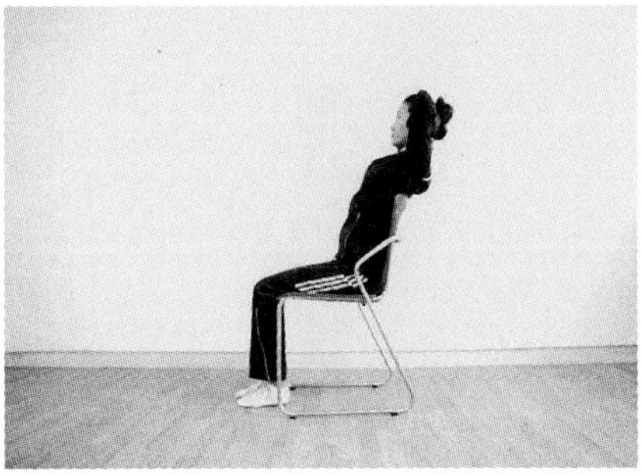

Upper trunk extension

Upper trunk extension

Upper trunk extension

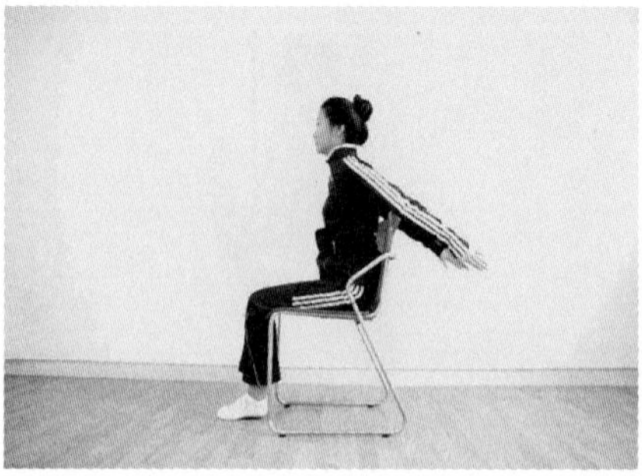

Upper trunk flection

Upper trunk flection

Upper trunk flection

Upper trunk rotation

참고문헌

강희성 역. (1992). 운동검사·처방지침서. 서울: 대한교과서 주식회사.

강희성, 오대성, 권오성. (1995). 운동처방의 실제. 서울: 보경문화사, 45-46.

구해보. (2000). 고령자의 건강증진을 위한 프로그램. 스포츠과학 71, 한국체육과학연구원, 36-54.

구희서. (1995). 운동치료학. 서울: 대학서림.

김계현. (1990). 대학상담소에서의 접수면접. 한양대학교 학생생활연구소, 8(1), 21-36.

김명일, 김영수. (2005). 운동처방에센스. 서울: 대경북스.

김영설(1990). 비만증의 분류 및 평가. 한국영양학회지, 23(3), 337-340.

김영수, 유형준, 윤성원, 이용수, 조성계. (1995). 당뇨병 치료를 위한 운동프로그램개발. 한국체육과학연구원 체육과학논총, 6(2), 51-53.

김은희 외 5인. (1995). 고혈압의 예방치료를 위한 운동처방프로그램(Ⅰ). 한국체육과학연구원 체육과학논총, 6(3), 31-35.

김은희. (1995). 고혈압과 운동. 한국체육과학연구원 스포츠과학, 51, 90-95.

김종인. (1995). 유산소성운동이 인슐린비의존성 당뇨병환자의 당·지질 및 Apolipoprotein 대사에 미치는 영향. 박사학위논문, 부산대학교, 부산.

김현수. (1996). 고령자의 운동습관과 건강. 스포츠과학 55, 한국체육과학연구원. 62-63.

나재철. (2006). 건강과 체력을 위한 운동처방학. 서울: 대경북스.

대한당뇨병학회. (1992). 당뇨병학. 서울: 고려의학, 5-6.

대한비만학회. (1995). 임상비만학. 서울: 고려의학, 191-194.

대한의학협회. (1992). 당뇨병의 치료. 서울: 여문각.

박기용. (2004). 운동처방과 트레이닝. 대구: 영남대학교 출판부.

박미희. (1996). 아쿠아틱 운동 매뉴얼. 서울: 신지.

박혜주, 김진구, 정상택(2003). REBT상담을 통한 청소년기 조정선수의 경쟁관련 인지정서행동 변화. 한국스포츠심리학회. 17(4), 101-116.

백일영. (2002). 운동생리학과 운동처방. 서울: 대한미디어.

서덕규. (1993). 혈액학. 서울: 고문사, 61-63.

성동진. (2005). 질환별 운동처방. 서울: 고려의학.

신영기. (2000). 고혈압. 서울: 계축문화사.

양점홍. (1990). 고령자의 신체운동이 체력, 호흡순환기능 및 혈액성분에 미치는 영향. 박사학위논문, 동아대학교, 부산.

원장원. (2000). 한국노인의 건강증진과 질병예방. 서울: 의학출판사, 65-68.

이강옥 역. (2000). 운동부하검사와 운동처방. 서울: 대경북스.

장덕선. (1990). 스포츠심리학. 서울: 태근문화사.

전태원. (1994). 운동검사와 처방. 서울: 태근문화사.

정원식, 박성수, 김창대. (1999). 카운슬링의 원리. 서울: 교육과학사.

차광석. (1995). 노화와 운동. 스포츠과학 52, 한국체육과학연구원, 39-41.

American Red Cross. (1995). American Red Cross first and responding to emergencies. San Bruno, CA: Staywell.

Bandura, A. (1986). Social foundations of thought and action: A social cognitive theory. Englewood Cliffs, NJ: Prentice Hall.

Baster, T., & Baster-Brooks, C. (2005). Exercise and hypertension, Australian Family Physician, 34(6), 419-424.

Beck, A. & Weishaar, M. (1995). Cognitive therapy. In Current psychotherapies, edited by R. Corsini and D. Wedding. Itasca, IL: R. E. Peacock Publishers.

Belza, B., Topolski, T., Kinne, S., Patrick, D. L., & Ramsey, S. D. (2002). Does adherence make a difference? Results from a community-based aquatic exercise program. Nurse researcher, 51, 282-291.

Blandine Calais-Germain. (1991). Anatomie pour le mouvement, Tome 1. Paris: Editions Desiries, 1991(김효철 외 13인 공역, 움직임 해부학, 서울: 영문출판사, 1998).

Brems, C., Johnson, M., & Namyniuk, L. L. (2002). Clients with substance abuse and mental health concerns: A guide for conducting intake interviews. The Journal of Behavioral Health Services & Research, 29(3), 327-334.

Campbell, A. J., Robertson, M. C., Gardner, M. M., Norton, R. N., Tilyard, M. W., & Bchner, D. M. (1997). Randomised controlled trial of a general practice programme of home base exercise to prevent falls in elderly women. British Medical Journal, 315(7115), 1065-1069.

Danish, S. J., Petipas, A. J., & Hale, B. D. (1993). Life development intervention for athletes: Life skills rough sports. The Sport Psychologist., 21(3), 352-385.

David H. Perrin. (2005). Athletic taping and bracing. (2nd Eds.). Champaign, IL: Human Kinetics, 2005(임승길 외 4인 공역, 운동선수 테이핑과 보조기, 서울: 대한미디어, 2007).

Di Prampero, P. E. (1986). The energy cost of human locomotion on land and in water. International Journal of Sports Mdicine, 7, 55-72.

Gardner, F. L., & Moore, Z. E. (2005). Using a case formulation approach in sport psychology consulting. The Sport Psychologist, 19, 430-445.

Goldberg, A. D. (1991). Counseling the high school student-athlete. The School Counselor, 38, 332-340.

Hellstedt, J. (1988). The coach/parent/athlete relationship. The Sports Psychologist, 1, 151-160.

Hill, K. L. (2001). Frameworks for sport psychologists: Enhancing sport performance. Champaign, IL: Human Kinetics.

Ikai, M., & Fukunaga, T. (1968). Calculation of muscle strength per unit cross-sectional area of human muscle by means of ultrasonic measurement. Int. Zangew. Physiol. einschl. Arbeitphysiol., 26, 26

Kabat, H. (1950). Studies on neuromuscular dysfunction XIII. New concepts and techniques of neuromuscular reeducation for paralysis. Permanente Foundation Medical Bulletin, 8, 121-143.

Lee, C. (1988). Behavioural intervention following a sporting injury: A case study. Behaviour Change 5, 154-159.

Levy, J. J., Thompson-Leonardelli, K., Smith, N. G., & Coleman, M. N. (2005). Attrition after intake at a university counseling center: Relationship among client race, problem type, and time on a waiting list. Journal of College Counseling, 8(2), 107-117.

Ludwig Ombregt, Pierre Bisschop. (1999). Atlas Orthopedic Examination of the Peripheral Joints. New York: W.B. Saunder & Elsevier, 1999(대한정형물리치료학회 공역, 말초관절의 정형의학적 검사, 서울: 범문사, 2003)

Marianne N., Ruth T. J. Human Disease. (2nd Eds.). New York: Delmar, 2006(감경윤 외 19인 공역, 알기 쉬운 병리학, 서울: 메디컬코리아, 2007).

Poczwardowski, A., Sherman, C. P., & Henschen, K. P. (1988). A sport psychology service delivery heuristic: Building on theory and practice. The Sport Psychologist, 12, 191-207.

Pollock, M. L., Cureton, T. K., & Greniger, L.(1969). Effects of frequency, cardiovasular function and body composition of adult men, Medicine and Science in Sports and exercise, 1, 70-74.

Poyhonen, T., Sipila, S., Keskinen, K. L., Hautala, A., Savolainen, J., & Malkia, E. (2002). Effects of aquatic resistance training on neuromusclar performance in healthy women. Medicine and Science in Sports and Exercise, 34(12), 2103-2109.

Rejeski, W. J., & Brawley, L. R. (1988). Defining the boundaries of sport psychology. The Sport Psychologist, 2, 231-242.

Sattin, R. W. (1992). Falls among older persons : A public health perspective. Annual Review of Public Health, 13, 489-508.

Scott, H. J. (1994). Integrating sport psychology and sports counseling: developmental programming education and research. Journal of Sport Behavior, 17, 52-59.

Steven Roy, Richard Irvin. (1999). Sports medicine. NJ: Prentice Hall, 1999(이주립 역, 스포츠의학, 서울: 대한미디어, 1999).

Spirduso, W. (1995). Physical dimensions of aging. Champaign, IL: Human Kinetics, 339.

Taylor, J., & Schneider, B. A. (1992). The sport-clinical intake protocol: A comprehensive interviewing instrument for applied sport psychology.

The Cooper Institute for Aerobics Research. (1997). The physical fitness specialist certification manual. Dallas, TX

Weinberg, R. S., & Gould, D. (1995). Foundations of sport and exercise psychology. Champaign, IL: Human Kinetics.

Wilder, R. P., Brennan, D. K. (1993). Physiological response to deep water running in athletics. Sports Medicine, 16, 374-380.

Williams, J. M. (1993). Applied sport psychology: Personal growth to peak performance. California: Mayfield Publishing company.

퍼스널트레이닝가이드북

인 쇄 2010년 5월 25일
발 행 2010년 5월 30일

펴낸이 신 일 희
펴낸곳 계명대학교출판부
(704-701) 대구광역시 달서구 달구벌대로 2800
TEL : (053) 580-6233
FAX : (053) 583-5213
출판등록 : 제347-1998-1호

ISBN 978-89-7585-497-2
* 잘못된 책은 교환하여 드립니다.

정가 18,000원

계명대학교 학문분야 경쟁력 강화사업에 의하여 수행되었음